FRED SMITH

MENTOR DE UNA GENERACIÓN DE LÍDERES

Desayuna con Fred

La misión de Editorial Vida es ser la compañía líder en comunicación cristiana que satisfaga las necesidades de las personas, con recursos cuyo contenido glorifique a Jesucristo y promueva principios bíblicos.

 Vida®

DESAYUNA CON FRED
Edición en español publicada por
Editorial Vida – 2009
Miami, Florida

©**2009 por Editorial Vida**

Publicado en inglés con el título:
      Breakfast with Fred
      Copyright © 2007 por Fred Smith, Sr.
por Regal Books, Gospel Light, Ventura, California, U.S.A.

Traducción: *Silvia Palacio de Himitian*
Edición: *Virginia Himitian*
Diseño interior: *Pablo Snyder*
Diseño de cubierta: *Cathy Spee*

ISBN: 978-0-8297-5462-9

CATEGORÍA: Vida cristiana / Devocional

IMPRESO EN ESTADOS UNIDOS DE AMÉRICA
PRINTED IN THE UNITED STATES OF AMERICA

09 10 11 12 ❖ 6 5 4 3 2 1

A todos los amigos de breakfastwithfred.com
que diariamente nos alientan a expandir nuestro alcance,
profundizar el impacto y preservar la obra.

ÍNDICE

RECONOCIMIENTOS

El Dr. Hans Selye, psiquiatra canadiense, consideraba la gratitud como la más saludable de todas las emociones. Con corazones inmensamente sanos, les decimos gracias a todos aquellos que han apoyado este proyecto desde el comienzo. Una idea es solo una construcción mental hasta que alguien cree en ella y la convierte en realidad. Con la ayuda de consejeros competentes, se ha hecho posible que este libro llegue a ustedes como un manjar tibio, y no como un concepto a medio cocinar. Queremos manifestarles nuestro profundo aprecio a las siguientes personas:

A los 52 amigos y familiares que consideraron la pregunta «¿Cómo aplicarías las palabras de Fred de manera que pudieran ayudar a otros?». Sus respuestas diligentes y llenas de entusiasmo conforman la columna vertebral de este libro sabio, oportuno y atemporal.

A Leslie Nunn Reed, agente literaria y amiga, que visualizó el libro cuando todo lo que le ofrecíamos nosotros eran abstracciones. Su perseverancia, perspicacia y compromiso dieron comienzo al proceso.

A Steven Lawson, editor principal de Regal Books, que con habilidad y diplomacia señaló los huecos que había y los transformó para darle integridad a la totalidad del texto. Su búsqueda de la excelencia hizo avanzar este proyecto. Su aplomo y franqueza nos mantuvo trabajando al nivel «más alto y mejor».

A Kim Bangs, de Regal Books, que se ha convertido en parte de la comunidad de «Desayuna con Fred» al animarnos a todos.

A James Pevehouse, asociado del proyecto BWF (Desayuna con Fred, por sus siglas en inglés), y graduado del Seminario Dallas, cuya amistad, aliento, calma y conocimiento de las Escrituras hizo que el proyecto resultara divertido aun durante los días de mayor estrés.

Al grupo de los sábados por la mañana, al que denominamos «Fred en la cama», del que recibimos estímulo.

A ese grupo demasiado numeroso como para mencionar por nombre de los que nos aguijoneaban, preguntaban y oraban por nosotros a través de las incontables horas que llevó la preparación.

El Salmo 115:1 resume, en última instancia, todos los reconocimientos: «La gloria, SEÑOR, no es para nosotros; no es para nosotros sino para tu nombre, por causa de tu amor y tu verdad».

Querido Fred:

He oído que no estás bien, pero que tienes una actitud positiva como resultado de toda una vida de firmeza en la fe en Cristo.

He pensado en ti muchas veces y he agradecido a Dios por el testimonio que siempre has dado dondequiera que estuvieras. ¡De cuánta inspiración y aliento has sido para miles y miles de personas!

Tengo muchos recuerdos de los momentos que pasamos juntos. Quiero que estés seguro de mi amor en Cristo y de mi aprecio por tu amistad.

Billy Graham

INTRODUCCIÓN ESPECIAL

Jeff Horch

Me tocaba a mí sentarme y esperar. El reloj del cuarto de hospital en penumbras indicaba que eran las 2:33 de la madrugada. La medicina líquida goteaba produciendo un sonido suave como el de una pequeña fuente. El anciano que dormía en la cama que se encontraba a unos pocos pies de mí. Su respiración se escuchaba apacible y estable. Tenía la barba sin afeitar. Dormía con la boca entreabierta, como lo hacen los hombres mayores. Parecía débil y viejo, pero en realidad era bastante robusto. Y si de morir se trataba, es probable que fuera demasiado fuerte y desafiante como para aceptar pasivamente el debilitamiento de su cuerpo. Estaba preparado para morir, pero había pasado demasiado tiempo en su vida desarrollando disciplinas de perseverancia como para simplemente entregarse. Ese era él. Y mientras lo miraba, también alcancé a percibir una visión de quién era yo y de lo que quería ser.

La posible proximidad de la muerte de mi abuelo no traía a mi mente la idea un hombre agonizante sino de un hombre lleno de esperanzas. No que alguna vez lo había estado sino que estaba lleno de esperanzas en ese momento, aun en medio del dolor y los sufrimientos.

No murió esa noche. Y yo todavía puedo ver en él a un hombre de esperanzas. Y espero que ustedes también.

A medida que su salud se fue deteriorando en los últimos años, él me enseñó mucho en mi intento por aprender sobre el carácter. Es fácil para algunos exudar gozo y esperanza cuando gozan de una buena salud y cuentan con bendiciones físicas, pero apreciar que esas mismas cualidades crecen en medio de los sufrimientos significa que aquella persona ha echado profundas raíces a través de toda una vida de fe y disciplina. En cuanto a mi abuelo, su fe proviene de una esperanza segura con respecto a quién es su Salvador, y su disciplina tiene que ver con haber sido un buen mayordomo de los talentos que su Creador le ha dado.

A menudo se dice que lo que cuenta no es la manera en que uno comienza, sino el modo en el que acaba. Creo que mi abuelo está terminando bien. No es un santo ni un hombre perfecto, pero sí alguien que vive con una percepción muy clara y real de lo eterno. Sabe que este no es su hogar. Y de la misma forma en que ha soportado el deterioro gradual de su cuerpo terrenal, continúa siendo una brújula para muchos que todavía se hallan en tránsito.

Al promediar los veinte años, él decidió que el lema de su vida sería «ayudar a que otros se extendieran». Su deseo ha sido ayudar a la gente a usar plenamente los dones y talentos que Dios les ha dado. Verlo a los noventa años, a menudo en medio del dolor, todavía ayudando a otros a extenderse, me demuestra que las palabras en las que se apoya para vivir son más que un lema: constituyen el corazón mismo de la persona que es.

Ahora, promediando mis treinta años, me encuentro ante un desafío con respecto a mis propias actitudes y elecciones al ver el rostro de mi abuelo a medida que se acerca al fin de sus días con gracia y una sensación de paz. No soy tan ingenuo como para pensar que él sea un personaje angelical de un cuadro de Norman Rockwell; conozco su humanidad. Pero también sé que es un hombre que ha entrado en el terreno de la gracia de Dios con el deseo de ser usado hasta el momento de su último suspiro. Cuando tuvo que renunciar a su libertad y movimiento autónomo, podría haberse amargado, pero eligió adaptarse. En este momento todavía sigue eligiendo someterse a Dios, y permitir que obre a través de él en esta nueva etapa de su vida.

Creo firmemente que este libro les brindará a los lectores de todas las edades una oportunidad para encontrar en mi abuelo y en sus amigos pensamientos que los guíen y fortalezcan. Palabras aptas para enfrentar los interrogantes que nos plantea la vida. Nos darán una perspectiva que solo las vidas íntegras pueden producir. Señalarán un sendero para aquellos de nosotros que todavía estamos aprendiendo. Las palabras de todos ellos apuntan en la misma dirección, de modo que también nosotros podamos acabar bien.

NOTA DE LA EDITORA
Brenda A. Smith *

Preguntamos a la gente: «Si armáramos un libro con los pensamientos de papá a través de sus noventa años, ¿qué es lo que a ustedes les gustaría ver allí?»

Las respuestas comenzaban vez tras vez con estas palabras: «Cuando yo desayuné con Fred, él me dijo...» Esas reuniones llevadas a cabo a la mañana temprano proporcionaron consejo, amistad y consideraciones profundas. Varias personas enviaron páginas con «las notas de Fred», tomadas durante aquellos años de desayunar juntos. ¡Surgió un tema definido!

En 2002 la salud de papá se deterioró severamente. Con su físico comprometido y una expectativa de vida de solo tres o cuatro meses, papá archivó la idea del libro. Pero surgió una nueva idea de parte de Jeff Horch: un sitio en la red, titulado www.breakfastwithfred.com. El Proyecto BWF, Inc. (Proyecto Desayunando con Fred), un emprendimiento sin fines de lucro, patrocina esa página *on line*. Nosotros organizamos y comunicamos de una manera apropiada el trabajo de toda una vida y la sabiduría de Fred Smith, padre. Estamos dedicados a expandir su alcance, profundizar su impacto y preservar su obra.

Ahora, en 2006, papá ha ido más allá de todas las probabilidades (y probablemente de todos los pronósticos). El sitio en la red llega a hombres y mujeres que desean aprender a tomar decisiones, que quieren desarrollar técnicas de liderazgo y descubrir secretitos en cuanto a la comunicación, lo mismo que a aquellos que buscan enriquecer su vida en familia.

La pregunta de Emerson a Thoreau: «¿Qué es lo que se ha vuelto más claro desde la última vez que nos encontramos?» incentivó a papá transmitir sus pensamientos a través de un boletín electrónico titulado «El pensamiento semanal de Fred». Cada uno de esos boletines le da al suscriptor una perspectiva acerca de «lo retorcido de su comprensión con respecto a lo recto y angosto». La comunidad BWF, extendida y bendecida por la sabiduría de Fred, es ahora una fraternidad global.

Este libro, lleno de sabiduría, comprende una colección de 52 pensamientos semanales junto con las meditadas reacciones de 52 de sus buenos amigos. Ustedes podrán leer las «conversaciones» de papá con hombres tales como Zig Ziglar, John Maxwell, Pat Williams y Charlie «Tremendous» Jones, hombres que llamaban a mi padre su «mentor». Su sabiduría y enfoque de vida basado en principios permitirá a los lectores captar la vida desde una mejor perspectiva. Hombres y mujeres de todo el mundo podrán ahora «desayunar con Fred» y crecer en fe, comprensión y competencia.

Brenda A. Smith
Presidenta del Proyecto BWF, Inc.
e hija de Fred Smith

DESAYUNA

CON

FRED

Estimado lector:

Hoy, con casi noventa y dos años, todavía disfruto de las conversaciones interesantes y de las grandes ideas: generalmente las dos cosas van bien juntas.

Los pensamientos que aparecen cada semana en el sitio www.breakfastwithfred.com son el método que he elegido para responder a la pregunta: «¿Qué tienes en mente, Fred?» Me fascina saber que cada semana miles de personas leen aquello que anda rondando por mi cabeza (casi siempre en las tempranas horas de la madrugada en que no puedo dormir).

El contar con 52 viejos amigos y miembros de mi familia que le han añadido una aplicación a mis pensamiento, me lleva a sentirme humilde y a la vez revigorizado. Me permite presentarles a todos ellos, compartir mis pensamientos y abrir la puerta para mantener una conversación maravillosa.

Mi oración por ustedes es que puedan extenderse y ser bendecidos.

Con todo mi aprecio personal,

Fred Smith

UNA ADMINISTRACIÓN PROPIA
EFICAZ

Las consideraciones de Fred
La persona más difícil de supervisar dentro del equipo de un ejecutivo es él mismo. Muy pronto él se da cuenta de esto: «el problema soy yo».

Si la gente dedicara la energía e inteligencia que utiliza para encontrar maneras de evadir sus tareas a delinear un plan de trabajo, se volvería mucho más eficaz. Una de las disciplinas más importantes para un ejecutivo es cerrarle el paso a su inclinación a evadirse del trabajo real. Lamentablemente, hay ejecutivos que son grandes estrategas en manejar la evasión. Por ejemplo, hay muchas personas que estudian sus tareas en lugar de dedicarse a realizarlas. La mayoría conoce bastante más de lo que en realidad usa en su lugar de trabajo. El problema no está en que les falte educación sino en que logren motivación y disciplina.

Otra vía de escape para muchos es la actividad. No han aprendido que «los resultados son la única excusa que tiene la actividad». Un gran número de personas, al finalizar su día, se sienten satisfechas por el esfuerzo realizado, cuando en realidad solo han estado muy ocupadas. Son como el jefe del cuartel de bomberos de la localidad: se dedican a apagar las llamas, pero jamás construyen un edificio. Están constantemente en carrera pero sin arribar a nada productivo. Demasiados ejecutivos comen, eructan y salen corriendo: como los camiones de bomberos con sus motores sucios. Los niños hacen mucho ruido cuando juegan a ser bomberos, pero los ejecutivos ya crecidos precisan aprender a quitarse el casco.

Para lograr algo, es necesario que definamos nuestra meta. A menos que seamos capaces de ponerla por escrito, no será algo definido o específico. Mi mentor, Maxey Jarman, me enseñó que las vaguedades verbales sin objeto no producen nada. Solo cuando ponemos la meta por escrito es que toma forma. Y hasta que no toma forma, puede indicar una dirección, un rumbo, pero aún no constituye una meta. Un barco, con toda la fuerza de su vapor, no llega a puerto a menos que se mantenga en su curso.

Una vez que se ha establecido la meta, se la debe perseguir con un vivo deseo. El deseo se mantiene y se sustenta con disciplina.

Reflexión: John Maxwell
Escritor y orador
Fundador de INJOY Stewardship Services and EQUIP

Fred está en lo cierto. Si algunas personas consiguieran darle una patada a la persona responsable de todos sus problemas, ¡no podrían sentarse por una semana!

Para tener éxito en la vida necesitamos dejar de ser un obstáculo en nuestro propio camino. El hacerlo requiere de dos cosas. Parecen muy simples, pero sin embargo muchas personas fracasan al intentar manejarlas. Son: (1) hacer lo que consideramos mejor, y (2) evitar todo lo demás.

Durante muchos años he usado tres conceptos, junto con tres preguntas muy simples, para ayudar a la gente a determinar que es lo que los obstaculiza, de modo que puedan luego avanzar.

1. *Requerimientos*: ¿Qué es lo que debo hacer? En cada puesto de trabajo hay cosas que solo nosotros podemos

hacer, que no pueden delegarse. Si yo acepto una de las muchas invitaciones que recibo para hablar ante un auditorio, debo aparecer en ese lugar y hacerlo. Puedo delegar muchas otras cosas, como obtener información sobre ese evento y hacer los arreglos para el viaje, pero cuando la audiencia se reúna allí, yo soy la única persona que puede subir al escenario y dar el mensaje. Si eres un empleado, entonces es tu jefe el que determina lo que se requiere de ti. Si eres el ejecutivo a cargo, es la junta de directores la que lo hace. Considera tu trabajo, y luego confecciona una lista de las tareas que solo tú puedes y debes realizar.

2. *Retorno: ¿Qué es lo que produce los mayores resultados?* ¿Qué es lo que puedes hacer mejor que cualquier otro? ¿En qué áreas muestras un toque especial? Agrega a la lista aquellos aspectos tuyos capaces de producir el mayor retorno.

3. *Recompensas: ¿Qué es lo que te produce mayor satisfacción?* Algunas actividades nos alegran el corazón. En tu caso ¿cuáles son? ¿Qué cosas podrías hacer diariamente aún si no te pagaran por ello? Añade esas cosas a tu lista.

Evita cualquier cosa que quede fuera de esas tres áreas. Descártalas de plano, si puedes; delégalas si es necesario. Idealmente, tu meta debería ser lograr que estas tres áreas (requerimientos, retorno y recompensas) se superpusieran lo más posible. Eso es trabajar en la zona en la que eres fuerte. Si consigues que esos tres hilos se entretejan en tu vida, serás como Thomas Edison, que dijo: «Jamás cumplí con un día de trabajo en mi vida; todo fue pura diversión».

Tres preguntas para pensar

1. ¿Cómo me aseguro de tener verdaderas metas y no un simple sentido de dirección?
2. ¿Qué podría significar para mí «hacerme a un costado para no estorbar mi propio camino»?
3. ¿Algunas veces estoy muy ocupado sin resultar productivo?

Una frase para recordar

La persona más difícil de supervisar dentro del equipo de un ejecutivo es él mismo... «el problema soy yo».

Una palabra de las Escrituras para atesorar en el corazón

Todo esfuerzo tiene su recompensa, pero quedarse solo en palabras lleva a la pobreza (Proverbios 14:23).

VICTORIA A TRAVÉS DE LA VISIÓN

Las consideraciones de Fred

A David Rockefeller se lo cita diciendo una vez: «La principal función del ejecutivo que está al mando es establecer el propósito de la organización».

Al igual que con el eje de una rueda, todo lo demás surge a partir de esa prioridad. Hasta que se establezca cuál es la visión, se enfrentarán problemas. Las Escrituras dicen: «Donde no hay visión, el pueblo se extravía» (ver Proverbios 29:18). La versión inglesa New American Standard Bible se concentra en la forma en que el pueblo perece: «Donde no hay visión el pueblo se desenfrena». El tener un freno, el poder restringirse y concentrarse en un propósito, resulta esencial para alcanzar logros, y es por eso que un líder debe definir la razón por la que la organización existe.

Un líder debe personificar la visión y dedicarse a ella de forma personal. En la búsqueda de sustentar la visión, los líderes tienen que tener en mente estos puntos esenciales:

1. Definir específicamente la visión. Los líderes deben dispersar las neblinas que surjan.

2. Expresarla de un modo en que las demás personas puedan comprenderla. Usar una jerga sin lógica simplemente confunde y no entusiasma.

3. Lograr la aceptación de la visión tanto por parte de la organización como por parte de las personas. Mover la

cabeza afirmativamente sin entender las cosas en profundidad mantiene los motores encendidos pero funcionando en el vacío.

4. Reiterar el propósito una y otra vez. Los patriarcas del Antiguo Testamento erigían mojones recordatorios para mantener viva en la mente de la gente su historia (ver Josué 5:5-7). Mi esposa, Mary Alice, siempre enviaba a nuestros hijos con las siguientes palabras cuando salían de casa: «Recuerden quiénes son, de dónde vienen y lo que representan». Ella mantenía el propósito «siempre delante de ellos».

Cuando la visión es clara, se puede visualizar todo bajo su luz. Una visión constituye un filtro o una red a través de la que fluye cualquier actividad. Llegaremos a ser conscientes de que necesitamos una visión bastante amplia como para que todo lo que hagamos se relacione con ella. Una visión bien enfocada tanto incluye como excluye. Independientemente del esfuerzo que nos tome ensamblar una visión eficaz, eso es mucho mejor que la alternativa de perecer.

Reflexión: Pat Williams
Vicepresidente primero del club de básquetbol
Orlando Magic Basketball Club
Escritor y orador orientado hacia la motivación

Cuando Fred habla sobre la visión, yo escucho. Y lo mismo hacen otros. Todos necesitamos mentores, y Fred, en su manera discreta, es un mentor para el mundo. Él se ha dedicado a aprender durante toda su vida, y le encanta pasarnos sus conocimientos. Es un hombre de visión y coraje.

Un estudioso de la gente y de los acontecimientos. Me gusta decir que cada vez que hablo con él desearía cambiar el mundo. Fred Smith ha cambiado *mi* mundo.

En mi libro *The Paradox of Power* [La paradoja del poder], defino la visión como la habilidad de ver más allá de lo que el ojo alcanza a divisar, y la habilidad de visualizar lo que falta. Solo notando lo que falta podremos darle vida a algo nuevo, creativo y emocionante. Estoy convencido de que la visión faculta, clarifica, entusiasma, incluye, motiva y enfoca a los líderes.

Parte de la visión es comprender la situación y hablar con sinceridad. Un buen amigo mío pasaba por un divorcio sucio y dificultoso. Eso le estaba causando gran consternación. Hablé con Fred sobre el tema y él me dio una palabra muy simple: «¿No se da cuenta ella (la esposa de mi amigo) que está construyendo un basural para su edad madura?» Sabiduría poderosa. Liderazgo poderoso. Visión poderosa.

Como líder de hombres, quiero transmitir una visión que implique carácter, una curiosidad insaciable y victoria. Las consideraciones de Fred con respecto a enfocar me llegan hasta lo más profundo cada vez que las oigo. El enfoque y el propósito hacen posible que las grande pasiones de nuestras vidas se vuelvan reales. Recientemente leí un estudio que mostraba que podemos funcionar sin pasión por un período de unas dos semanas, pero que luego colapsamos. Sin embargo, la pasión sin una visión no es más que un mero deseo vacío.

Captemos la visión. Consideremos lo que Fred Smith tiene que decirnos. Aprendamos que nunca estaremos más allá de la necesidad de un consejo sabio. Luego lideremos con carácter, pasión y propósito. Y programemos obtener la victoria.

Tres preguntas para pensar
1. ¿Hasta qué punto es clara mi visión?
2. De lo que preveo, ¿qué es lo que inspira confianza en otros?
3. ¿De qué modo personifico mi visión?

Una frase para recordar
Cuando la visión es clara, se puede visualizar todo bajo su luz.

Una palabra de las Escrituras para atesorar en el corazón
Donde no hay visión, el pueblo se extravía; ¡dichosos los que son obedientes a la ley! (ver Proverbios 29:18).

3

EL LÍDER QUE SABE ESCUCHAR

Las consideraciones de Fred
Cada líder dedica una buena parte de su día a comunicarse con otros. Se han escrito muchos libros sobre técnicas para la buena comunicación, pero el problema real consiste en el espíritu y no en la técnica usada. La actitud a menudo constituye una barrera. Dos personas que lo deseen casi siempre pueden hablar entre ellas. El énfasis que se hace en cuanto a abrir líneas de comunicación oculta un problema más profundo. Con frecuencia aquellos que no consiguen comunicarse descubren que lo que se los impide es su deseo de impresionar y no de expresar algo.

La motivación depende mayormente de la comunicación. La diferencia entre un equipo débil y uno fuerte, la mayoría de las veces, tiene que ver con la selección y la organización. La diferencia entre un buen equipo y uno excelente radica en la motivación. Cualquier organización que desarrolle la habilidad de llegar a ser buena puede avanzar hacia la excelencia contando con una motivación apropiada. Y nada motiva tanto como la comunicación eficaz.

La mayoría de los líderes son buenos para hablar y malos para escuchar. La habilidad de escuchar creativa y positivamente depende de la habilidad que desarrolle el líder para escuchar en cuatro niveles: (1) el del sentido de las palabras, (2) el de la elección de las palabras, (3) el del sonido de las palabras, y (4) el del aspecto de las palabras. La mayoría de las personas escucha de una manera negativa, lo que implica que simplemente se mantienen en silencio, o recargan sus ideas, mientras el otro dispara palabras. Escuchar de una manera positiva lleva a que la persona que habla pueda transmitir los hechos y mostrar sus emociones; eso le permite al que escucha hacer una evaluación que trasciende el nivel superficial.

Erramos al confundir comunicación con el hecho de estar de acuerdo. A menudo escucho decir que todos los problemas se solucionarían si nos escucháramos y comprendiéramos unos a otros. ¡No es así! En realidad, si entendiéramos lo que el otro dice, podríamos llegar a un desacuerdo aún mayor. Hablamos los temas periféricamente para evitar puntos de desacuerdo. Escuchar y entender constituyen aspectos fundamentales de la comunicación, pero no son sinónimos de concordar, de estar de acuerdo.

Aprendamos a escuchar. Hablemos para ser comprendidos.

Reflexión: Zig Ziglar
Escritor de reconocimiento nacional,
orador orientado hacia la motivación y capacitador

Las percepciones de Fred Smith han influido sobre mí personal y profesionalmente durante muchos años, y me siento honrado de poder reaccionar a sus ideas sobre la motivación y la comunicación.

La motivación no puede tener lugar sin una comunicación previa. La comunicación no se logra sin escuchar atentamente, y la manera en que escuchamos afecta lo que creemos haber oído. ¿Complicado? Tal vez, pero si intentamos saltearnos cualquiera de los pasos que conducen a un desempeño adecuado, descubriremos enseguida el modo en que se entretejen firmemente las acciones de escuchar y entender con la motivación y los logros.

Un verdadero líder desea hacer lo que resulte mejor para su compañía y *sus* empleados. El prestar atención a las necesidades y preocupaciones de los empleados abre la puerta para implementar mejoras y hace posible que se forme un equipo que confíe y respete el liderazgo de la compañía.

Si aquellos que ocupan posiciones de liderazgo escuchan como a la defensiva, siempre listos a mantener el status quo en lugar de considerar posibles cambios que producirían mejoras, con el tiempo, las personas subordinadas dejarán por completo de intentar comunicarse. Se sentirán derrotadas antes de intentarlo y se dedicarán a desarrollar una actitud del tipo «qué me importa». Una actitud así producirá sensación de fracaso en todos los involucrados en esa clase de intercambio unidireccional.

Existen pocas cosas tan motivadoras como saber que somos escuchados, que nuestras ideas se consideran y que se nos toma en serio cuando emitimos una opinión. El respeto debe primar en todas las relaciones. La manera más fácil de descalificar o mostrar falta de respeto hacia los demás es menospreciar lo que ellos tienen que decir. Cuando uno sabe cómo escuchar eficazmente, sabe también cómo comunicarse y motivar eficientemente.

Escuchemos lo que Fred Smith dice acerca de escuchar, comunicarnos y comprender. Apliquemos sus perspectivas a nuestras relaciones laborales y nos sorprenderá la asombrosa transformación que se producirá en la gente a la que deseamos motivar para que alcance nuevos niveles de desempeño.

Tres preguntas para pensar
1. ¿Cómo sé que me están escuchando?
2. ¿Podrían decir los demás que los escucho?
3. ¿Qué es lo que me ayudaría a convertirme en alguien que sabe escuchar?

Una frase para recordar
Aprendamos a escuchar. Hablemos para ser comprendidos.

Una palabra de las Escrituras para atesorar en el corazón
Pero dichosos los ojos de ustedes porque ven, y sus oídos porque oyen (Mateo 13:16).

DEJAR UN LEGADO

Las consideraciones de Fred
Últimamente he pensado mucho en la diferencia que existe entre un legado y una herencia. Parecería que muchos de mis amigos están pensando en cómo hacer para dejarle dinero a su familia. Aunque eso sea admirable, yo prefiero pensar en términos de dejarles un legado. El legado comprende tanto el vivir como el morir, y el poder transmitir los valores fundamentales que uno tiene. Mi legado tendrá que ver con mi propia respuesta a la pregunta: «¿Cuál ha sido el tema central de mi vida?»

Cuando fui invitado a hablar en Las Vegas, años atrás, presencié la actuación del comediante Ray Bolger para tener una idea de quién era él antes de presentarlo en la conferencia que daría al día siguiente. (Bolger, de un físico muy dúctil, es muy conocido por su representación del espantapájaros del Mago de Oz). En su show, imitó los pasos de baile típicos de muchos grandes bailarines que lo habían precedido, incluyendo Bill «Bojangles» Robinson y Fred Astaire. El mensaje que quería transmitir era que ellos habían dejado algo sobre el piso cuando abandonaron la danza. El cierre de su show consistió tan solo en un haz de luz enfocado sobre un pequeño escenario central. Allí descansaban las zapatillas de baile de Ray Bolger, en una declaración tácita de que él también deseaba «dejar algo sobre las tablas».

Debemos considerar cuidadosamente el legado que estamos dejando. Estoy convencido de que, la mayoría de las veces, las herencias rompen y separan a las familias; pero los legados siempre las unen. ¿Cuántas situaciones conocemos en las que la segunda generación ha discutido y hasta entablado demandas por cuestiones de dinero? El pasar la antorcha no debería ocasionar incendios dentro de una familia.

Resulta crucial pensar acerca de las marcas que dejamos tras nosotros. Las «huellas sobre las arenas del tiempo» acerca de las que escribe el poeta hablan de las impresiones que dejamos, del alquiler que pagamos por el espacio que ocupamos sobre la tierra. Nuestro legado seguirá vivo mientras nuestra influencia sobreviva. Es nuestra responsabilidad ejercer una buena influencia.

Reflexión: Ken Blanchard
Ejecutivo principal de Blanchard Companies

Creo que la distinción que hace Fred entre legado y herencia es importante. Cuando nuestros hijos eran adolescentes, mi esposa Margie y yo les hicimos claro que cuando muriéramos no íbamos a dejarles ningún dinero. No hemos conocido a nadie que se haya beneficiado realmente por recibir un montón de dinero. En lugar de eso, optamos por brindarles buenas oportunidades. Les pagamos toda la educación universitaria; invertimos en oportunidades de aprendizaje. Gastamos también en viajes familiares. En otras palabras, utilizamos el dinero para crear nuevas oportunidades y para estimular la interacción familiar.

Ahora estamos contribuyendo a un fondo que servirá para pagar la educación de nuestros nietos. No queremos que sus padres se preocupen por ese gasto.

En la Biblia vemos que Jesús habló más acerca del dinero que de ninguna otra cosa. Él no estaba en contra de ganar dinero, pero sabía que rendirle culto constituía la raíz de todos los males. Por lo tanto, deseamos que todo dinero que dejemos sea para el bien y el beneficio de la gente, y no para crear la ocasión de que se produzca algo negativo en sus vidas.

Dejar un legado es mucho más importante para mí que dejar una herencia. Creo que el legado que dejamos tiene que ver con lo que vivimos. Soy absolutamente consciente de que mis hijos, y ahora también mis nietos, me observan. Lo que quiero que ellos vean en mí es un comportamiento que pueda impactar sus vidas y perdurar más allá de mi existencia.

La gente me pregunta a menudo: «¿Quién ha tenido mayor impacto sobre tu vida?» Me apresuro a contestar que mi padre y mi madre. El impacto de ellos sobre mí no tuvo nada que ver con el dinero que hayan hecho o que me hayan dejado (que fue insignificante) sino con la forma en que vivieron. Una de las cosas que más me emocionan es escuchar a mi hijo y a mi hija decirles hoy a sus propios hijos y amigos las mismas cosas que yo les decía cuando eran pequeños. Me alegra el corazón descubrir que tal vez algunas de mis reflexiones les resultan valiosas.

La gente nos mira. La forma en que vivimos y actuamos constituye nuestro legado. Y eso es mucho más importante que la herencia que dejemos.

Tres preguntas para pensar
1. ¿Cómo defino la diferencia entre legado y herencia?
2. ¿Qué legado estoy dejando en mi negocio, en mi iglesia, a mi familia?
3. ¿Qué «alquiler» debo pagar por el espacio que ocupo en el mundo?

Una frase para recordar
Nuestro legado seguirá vivo mientras nuestra influencia sobreviva.

Una palabra de las Escrituras para atesorar en el corazón
He peleado la buena batalla, he terminado la carrera, me he mantenido en la fe (2 Timoteo 4:7).

5

LA GLORIA DE LA GRACIA

Las consideraciones de Fred

La gracia les resultaba genuina, real, personal y palpable a los grandes santos. El hermano Lorenzo, Frank Lauback, François Fénelon: estos místicos cristianos nunca dudaron que eran recipientes constantes de la asombrosa gracia de Dios. La gracia era un aspecto práctico de su vida cotidiana.

Por ejemplo, el hermano Lorenzo dijo que cuando él cometía un error, no dedicaba nada de tiempo a pensar en ello; simplemente lo confesaba y seguía adelante. Antes de leer eso, estuve atrapado por la culpa; la gracia inmediata me parecía demasiado buena para ser real. La experiencia del hermano Lorenzo me liberó por completo.

Sin embargo, el legalismo apela a nuestro sentido común y a nuestra razón. Descubro que necesito recordarme constantemente que la misma escritura que me revela mi culpa me lleva a conocer la gracia de Dios. Al rechazar la gracia, jugamos a ser dioses y a disciplinarnos a nosotros mismos. Visualizamos los sucesos como castigo. Sentimos que se acerca la corrección, cuando en realidad no es corrección sino una consecuencia de nuestras acciones. Pero en nuestro intento, interpretamos un sentido de juicio de Dios en medio de nuestras circunstancias.

¿Por qué? Porque percibimos que merecemos juicio en lugar de gracia. La gracia nos trae libertad. Si tan solo pudiéramos aceptar la gracia plenamente, entonces, al igual que el hermano Lorenzo, tendríamos la libertad de admitir nuestro fracaso y seguir adelante. Dado que la gracia no se puede merecer,

¿por qué deberíamos suponer que otros son más dignos de ella que nosotros? ¿O por qué deberíamos considerar que ellos la merecen menos que nosotros? Pensar que podemos alcanzar la madurez en Cristo aparte de la gracia es una forma de engañarnos a nosotros mismos.

La Biblia nos insta a que no tengamos de nosotros un concepto más alto del que debemos tener, pero no aboga por que nos consideremos «gusanos». Nosotros somos objetos de la gracia, y la gracia es un don de la fe que proviene del Padre de las luces y nos llega a través de él.

Reflexión: Steve Brown
Presidente de Key Life Network
Escritor y profesor del Seminario Teológico Reformado
de Orlando, Florida

Mi pastor, Pete Alwinson, da una tremenda definición de la gracia. Según lo señala: «La gracia es hacerle bien a alguien cuando no hay una razón valedera para ello y sí en cambio muchas razones para no hacerlo».

Así es nomás.

Eso es lo que Dios ha hecho y continúa haciendo por nosotros y, como lo señala Fred, por los grandes santos de la iglesia. La gracia constituye las «buenas nuevas» que podemos ofrecerle al mundo, y son las buenas nuevas que deberíamos aplicarnos a nosotros mismos... pero a veces no lo hacemos.

Sí, el legalismo nos apela. Apela a nuestro sentido común. Pero esa también es la apelación a la autojustificación y la apelación a crear un camino propio hacia Dios, de modo que él quede como debiéndonos algo. Constituye una violación a todo lo que enseña el Nuevo Testamento, y creo que es la señal más evidente de nuestra naturaleza caída, aún más que el pecado (que ha sido cubierto).

«Por favor, Padre, prefiero hacerlo por mí mismo».

Entonces Dios, como lo haría cualquier buen padre, nos concede precisamente eso. Nos permite hacer las cosas por nosotros mismos, y cuando fallamos miserablemente y pecamos hasta tocar fondo es que comenzamos a comprender que sin la gracia ni siquiera podemos orar.

Pablo dijo: «Pero allí donde abundó el pecado, sobreabundó la gracia» (Romanos 5:20). Y en ese sentido, el mejor regalo con el que podemos contar en nuestras vidas es nuestro pecado... cuando tenemos conciencia de él. No solo eso, sino que la cosa más peligrosa de nuestra vida es nuestra obediencia... *cuando tenemos conciencia de ella.*

Mi amigo Jack Miller tenía razón cuando decía que toda la Biblia puede resumirse en dos declaraciones: (1) Alégrate, eres mucho peor de lo que creías que eras; y (2) Alégrate, la gracia de Dios es mucho mayor de lo que crees.

Tres preguntas para pensar

1. ¿En qué área de mi vida estoy reemplazando la gracia por el legalismo?
2. ¿Por qué es para mí una lucha el lograr la libertad en Cristo?
3. ¿Qué cosa puedo hacer para permitir que la gracia abunde?

Una frase para recordar

Pensar que podemos alcanzar la madurez en Cristo aparte de la gracia es una forma de engañarnos a nosotros mismos.

Una palabra de las Escrituras para atesorar en el corazón

No desecho la gracia de Dios. Si la justicia se obtuviera mediante la ley, Cristo habría muerto en vano (Gálatas 2:21).

6

EL VALOR DE LOS HÉROES

Las consideraciones de Fred

Thomas Carlyle dijo: «La sociedad se fundamenta en la adoración a los héroes». La historia es el relato del impacto que han causado los grandes hombres y mujeres. Ellos le dieron forma a su época para bien.

Pero de vez en cuando necesitamos dejar de decir grandes cosas sobre los héroes y preguntarnos qué es lo que ellos dirían sobre nosotros. Ellos se pueden convertir en los verbos que definan nuestra vida.

Los héroes deben sobrevivir por largo tiempo como ejemplo de valores confiables, tanto para su época como para otras. Nadie se convierte en héroe por ser simplemente un ganador. El apóstol Pablo merece el status de héroe. A la inversa, sé de muy pocos hombres que hayan querido emular a Nerón. Por eso hoy les damos el nombre de Pablo a nuestros hijos, y a nuestros perros el de Nerón.

Deberíamos saber como empequeñecer al compararnos con nuestros héroes. Al humillarnos de una manera positiva y saludable, podremos considerarnos a la luz de los valores que hemos heredado de nuestros héroes y estaremos en condiciones de evaluar genuinamente si es que estamos realizando progresos en cuanto a la virtud. Esa disciplina es la que siempre nos inspira y crea espacios de crecimiento.

En su *A Psalm of Life* [Un salmo de vida], Henry Wadsworth Longfellow escribió: «Las vidas de los grandes hombres, todas ellas, nos recuerdan que podemos convertir nuestras vidas en sublimes, y al partir, dejar detrás de nosotros huellas sobre las arenas del tiempo». Nuestra hija Brenda sabía cuánto me gustaban esas líneas. En la pared de mi estudio cuelga hoy una placa enmarcada, cubierta de arena, en la que aparecen tres pequeñas huellas diferentes; son las de sus niños, que en ese entonces tenían uno, tres y cuatro años. De una manera silenciosa y persuasiva, ella me recordó que los pasos de mis nietos, de alguna manera, iban por detrás de los míos.

En 2004, momentáneamente se pensó que mi muerte se anticiparía. En la cama del hospital yo oré por mis hijos, mis nietos y mis bisnietos, con la esperanza de que ellos vieran en mí a un hombre de fe. En 2006, todavía oro para seguir siendo un modelo confiable. Los héroes no tienen que ser famosos, solo precisan ser heroicos.

¿Las pisadas de quién estamos siguiendo?

Reflexión: Philip Yancey
Autor de libros de gran éxito y periodista

Como periodista, tuve la oportunidad de elegir la gente a la que quería emular, ¡y luego ir a buscarla para hacerle una entrevista! En otras palabras, tengo que localizar a mis héroes, y luego presentárselos a otras personas.

He escrito veinte libros, y la gente con frecuencia me pregunta cuál de ellos es mi favorito. Inmediatamente les respondo: *Soul Survivor* [Sobreviviente del alma]. Para ese libro pasé un año reflexionando acerca de la gente que más había influido sobre mí. Algunos son personas que murieron muchos años atrás, gente a la que he conocido solo a través de sus escritos (Tolstoy, Dostoievsky, John Donne); otras son personas vivas y activas hoy, a las que he llegado a conocer a través de entrevistas personales (el Dr. Paul Brand, Frederick Buechner, Robert Coles, Annie Dillard).

Al pensar en ellos como grupo, descubro que la humildad es una de las característica que la mayoría de ellos tiene en común. Son hombres y mujeres sobresalientes que han cambiado el mundo que los rodea, y sin embargo lo han hecho en el espíritu de Jesús, sirviendo a los demás en lugar de dominarlos.

Fred Rogers, conductor del programa televisivo para niños *Mister Rogers' Neighborhood* [El vecindario del señor Rogers] acostumbraba a efectuar un ritual cada vez que hablaba delante de una multitud. Pedía a su audiencia que hiciera un minuto de silencio para pensar en todos aquellos que los habían ayudado a convertirse en lo que eran ahora. Una vez, en una prestigiosa reunión en la Casa Blanca, se le dieron solo ocho minutos para hablar acerca de las cuestiones infantiles, y sin embargo, él dedico uno de esos minutos al silencio. «Invariablemente, eso es lo que la gente recuerda», señala. «Ese silencio».

Pasé un año trabajando en el proyecto de mi libro. Por supuesto, no todos pueden dedicar un año a sentarse y pensar acerca de la manera en que otras personas han afectado su vida. Se trata de un ejercicio maravilloso, sin embargo, aun si uno contara con apenas cinco minutos. No nos hemos convertido en las personas que somos a través del aislamiento sino por estar en comunidad con otros. Los héroes son las personas que nos conducen en la dirección correcta.

Tres preguntas para pensar
1. ¿Qué características tienen en común mis héroes?
2. ¿De qué modo han sido heroicos?
3. ¿Qué marca estoy dejando sobre las arenas del tiempo?

Una frase para recordar
Los héroes no tienen que ser famosos, solo precisan ser heroicos.

Una palabra de las Escrituras para atesorar en el corazón
Imítenme a mí, como yo imito a Cristo (1 Corintios 11:1).

7

PALABRAS QUE RIGEN LA VIDA

Las consideraciones de Fred

«Señor, concédenos satisfacción en nuestro trabajo; placer en nuestro tiempo de ocio; sabiduría en el estudio; y lealtad en nuestro amor». Años atrás, mientras leía, descubrí esta oración de William Barclay. Quedé tan impresionado por el equilibrio de vida que él describe allí que pude memorizarla fácilmente. A lo largo de los años me la he repetido a mí mismo muchas veces y en dos ocasiones la he enseñado como una lección de escuela dominical. La primera vez solo enfoqué las cuatro peticiones. Luego me di cuenta de que había perdido el significado de las primeras palabras.

«Señor»: Una de las cuestiones teológicas fundamentales hoy es si Cristo puede ser Salvador sin ser el Señor. George Gallup realizó un sondeo entre aquellos que son «nacidos de nuevo» y descubrió que solo el 10 por ciento tenía en cuenta la fe al tomar sus decisiones diariamente. Él escribió un libro titulado *The Saints Among Us* [Los santos entre nosotros], en el que señalaba que el noventa por ciento de nosotros somos cristianos nominales.[1]

«Concede»: Esto nos recuerda que todo don bueno y perfecto viene de arriba. No tenemos demandas con respecto a Dios, sino solamente peticiones. Otra vez la Biblia nos vuelve a decir que solo tenemos aquello que hemos recibido de Dios (ver 1 Corintios 4:7).

«nos»: Esto trae a nuestra memoria que el cristianismo tiene que ver con una comunidad, con un cuerpo, con una familia.

No se trata de una simple experiencia individual. No se parece al pino que tiene la facultad de crecer aislado. Es semejante a la secoya, que crece en medio de un grupo de árboles, con todas las raíces prestándose apoyo unas a las otras. Gert Behanna nació y se crió en el antiguo Waldorf Astoria en medio de una riqueza increíble. Luego de pasar una gran parte de su vida casada con el alcohol y las drogas, se convirtió a Cristo. Cuando ella oraba diciendo «Padre nuestro», tenía plena conciencia de que era miembro de una familia, y por lo tanto dio la mayor parte de sus bienes a cristianos necesitados a los que consideraba hermanos y hermanas.

«Señor, concéde-nos»: una trilogía de infinito significado.

Reflexión: Howard E. Butt, Jr.
Ejecutivo de negocios
Fundador de Laity Lodge y de la Fundación Howard E. Butt

La mayor parte de las traducciones de la Biblia nunca utilizan la palabra «santo». Resulta difícil de creer, pero el Nuevo Testamento no habla de un santo separadamente. Siempre somos considerados los *santos* de Dios, en plural. Necesito que otros me ayuden a ser santo. Nunca lo lograré por mí mismo.

Dios quiere que cada individuo sea más como Cristo de modo que toda la iglesia se vuelva más como Cristo. Pero ninguno de nosotros puede ser más como Cristo sin el apoyo de otros cristianos. Nunca seremos más semejantes a Cristo si no contamos con la ayuda de los demás. Por esa razón es que la vida cristiana se vive en comunidad.

Aún nuestro Dios conforma una comunidad. Adoramos a tres personas en una: el Padre, el Hijo, y el Espíritu Santo. No comprendo plenamente lo que es la Trinidad, pero sé que implica comunidad dentro de un solo Dios. Dentro de Dios mismo existen perfecta comunión, perfecta armonía, perfecto amor.

En nuestro trabajo en Laity Lodge durante los últimos cuarenta años cada vez estamos más convencidos de la importancia de la comunidad y las relaciones.

Cada vez que dos personas se encuentran, una guía y la otra la sigue, aun si se separan, si toman turnos, o si se hacen la guerra. La comunidad marcha sobre dos patas: igualdad y liderazgo. Ninguna organización puede funcionar sin un líder: ni el matrimonio, ni un hogar, ni la escuela, ni los negocios, ni el gobierno.

Dios no se entrega a nosotros en partes. La Trinidad completa vive en nosotros y nos enseña a practicar tanto la autoridad como la sumisión.

Cuando nos sometemos, nos volvemos siervos. Cuando ejercemos autoridad, somos líderes. El Espíritu Santo nos enseña a vivir en una especie de santa flexibilidad. Sabemos cuando debemos mostrarnos sumisos a otras personas, y sabemos cómo ejercer nuestro liderazgo dentro del ritmo flexible de la vida cotidiana.

Tres preguntas para pensar
1. ¿Vivo como un pino o como una secoya?
2. ¿Qué estoy haciendo por formar comunidad?
3. ¿Cuándo debo liderar, y cuándo ser un seguidor?

Una frase para recordar
El cristianismo tiene que ver con una comunidad, con un cuerpo, con una familia. No se trata de una simple experiencia individual.

Una palabra de las Escrituras para atesorar en el corazón
Que gobierne en sus corazones la paz de Cristo, a la cual fueron llamados en un solo cuerpo. Y sean agradecidos (Colosenses 3:15).

Nota
1. George H. Gallup, The Saints Among Us [Los santos entre nosotros], Morehouse Group, Nueva York, 1992,

8

RUTINAS CON SENTIDO
Y NO HÁBITOS MUNDANOS

Las consideraciones de Fred

Recientemente participé de un interesante debate en el que se contraponía el ritual a la cosa real. En él se reconoció que el ritual había sido instituido para perpetuar la realidad. Sin embargo, nosotros los humanos tenemos la tendencia de quedarnos con el ritual y dejar que la realidad se nos escape. Teológicamente, esto puede constituir un intento sutil de nuestra parte por asumir el control de aquellas cosas que en realidad son divinas.

Cuando lo hacemos, nos sentimos libres de ampliar el ritual a nuestra satisfacción. De esta manera podemos hacer del ritual algo tan elaborado que se convierta en lo que nos gustaría que fuera si nosotros estuviéramos en el lugar de Dios... lo que no guarda demasiada semejanza con las sandalias y el manto sin costuras con que nos dio el ejemplo Jesús.

Con frecuencia les he preguntado a distintos maridos si ellos todavía besan a sus esposas cuando salen para el trabajo. Casi de una manera indignada me dicen que lo hacen. Les pregunto si han considerado alguna vez la diferencia que hay entre el primer beso que le dieron durante la luna de miel y el que le dan ahora. El primero probablemente haya sido muy sentido, y hasta muy profundo. Algún marido hasta puede haber pensado en describirlo como morboso. Ahora las esposas reciben un ligero beso al pasar cuando ellos salen apresurados por la puerta para dirigirse hacia el automóvil. Ocasionalmente puede ser que no lo hagan, pero al menos lo intentan; y el ritual continúa, en tanto que la realidad sufre y se deteriora.

Entonces nos preguntamos: ¿Deberíamos descartar los rituales vacíos de sentido? Para nada. En lugar de eso, deberíamos regresar a la realidad que representa el ritual.

Cuando era presidente de la junta de Juventud para Cristo, le pregunté a un muchacho por qué intentaban algunos de los jóvenes destruir las tradiciones de la iglesia con música contemporánea y una manera de vestir informal. Me contestó: «Señor Smith, nosotros no intentamos destruir las tradiciones de la fe, pero no estamos dispuestos a perpetuarlas sin haber tenido la experiencia que llevó a su creación».

Excelente respuesta. ¡Bien dicho! Desenmascaremos el ritual para poder descubrir la realidad.

Reflexión: T. George Harris

Fundador y editor de Psychology Today, American Health, y Spirituality and Health
Colaborador de Beliefnet.com

Como observador de primera línea, en mi adolescencia, durante la Segunda Guerra Mundial, caí en el hábito de repetir una oración: «No se haga mi voluntad, sino la tuya». Mi tarea principal, desde Omaha Beach pasando por Bastogne y hasta el campo de concentración de Ohrdruf, era disparar artillería pesada sobre los tanques de la infantería alemana desde un pequeño avión Piper Cub. Trabajábamos lo más cerca del enemigo que nos resultara posible, generalmente a cuatro mil pies de altura o más, pero en algunos días de niebla descendíamos casi hasta tocar la copa de los árboles.

Después de cada una de las ciento diesiseis misiones en las que volamos bajo fuego enemigo hasta alcanzar sus líneas y aun más allá, tuvimos que emparchar los agujeros de las balas que con frecuencia daban en la tela de nuestros *saltamontes*. En realidad nos reíamos bastante de la mala puntería de los otros (después que ellos habían errado).

El repetir esa misma oración me transmitió un toque de imperturbabilidad que constituyó un apoyo durante la mayor parte de los disturbios raciales que debí cubrir en la época de las luchas por la integración racial en las escuelas y luego en los años de protesta social productiva que llevó a cabo gente que buscaba una comprensión más profunda de las cosas al trascender los límites superficiales del periodismo popular.

Para mi sorpresa, tome conciencia de que el ritual sirve a un propósito religioso muy distinto de lo que yo suponía o comprendía. Sí, ayuda a redescubrir la realidad a la luz del presente. Lleva a ese tipo de redescubrimiento apasionado que evocaba T. S. Eliot en sus Cuatro cuartetas, el mismo que tenía en mente el amigo de Fred en Juventud para Cristo cuando defendía la música de las guitarras en la iglesia.

A partir del trabajo del Herbert Benson, el cardiólogo de Harvard, se empezó a volver evidente que el cuerpo responde de una forma muy particular a los más rutinarios rituales de las tradiciones de fe, como la oración repetitiva, por ejemplo. Nunca puedo estar seguro de lo que mi alma está haciendo en mi interior, pero es mi cuerpo el que me informa cuando el Espíritu Santo abre un circuito y establece una conexión. Se trata del mismo tipo de elevación religiosa en la que entro cuando canto desafinadamente aquellos himnos antiguos y familiares que me conmueven hasta las entrañas, como «Sublime gracia» o «Roca de la eternidad», y en ocasiones, «Beulah Land».

Tres preguntas para pensar

1. ¿En qué área de mi vida estoy substituyendo la realidad por un ritual?
2. ¿Qué es lo que hace mi alma?
3. ¿De qué modo enfrento el desafío de valorar la tradición?

Una frase para recordar

Nosotros los humanos tenemos la tendencia de quedarnos con el ritual y dejar que la realidad se nos escape.

Una palabra de las Escrituras para atesorar en el corazón

Así, por la tradición que se transmiten entre ustedes, anulan la palabra de Dios. Y hacen muchas cosas parecidas (Marcos 7:13).

9

PRINCIPIOS DIVINOS

Las consideraciones de Fred

En tanto que Proverbios dice: «El principio de la sabiduría es el temor de Jehová» (Proverbios 1:7 RVR60), eso, sin embargo, no nos provee una clara y sucinta definición de «sabiduría». Yo la defino como *el conocimiento* y *la utilización de los principios divinos.* Como dijo Einstein: «Quiero pensar los pensamientos de Dios según él lo hace». Para mí, eso es sabiduría. Mucha gente pasa de los datos a la información y de allí al conocimiento pero nunca llega a la sabiduría.

La sabiduría de los principios divinos a menudo es conceptual; no se halla en un capítulo y en un versículo. Por ejemplo, el amor de Dios que tan poca gente comprende, fue perfectamente explicado por Ray Stedman en estas palabras: «Mi vida cambió cuando descubrí que Dios estaba de mi lado».

El adquirir conocimiento constituye el primer paso hacia la sabiduría. Por ejemplo, mi buen amigo Jack Modesett, Jr., dijo: «El tiempo que pasé en Princeton se volvió provechoso y agradable cuando descubrí que aprender era divertido». Él aplicó esto mismo a sus estudios bíblicos y a su enseñanza. El explorar los misterios divinos provoca entusiasmo.

Otro principio divino que resulta de gran ayuda es que «Dios no va a hacer por ti lo que tú mismo puedes hacer; pero él no te permitirá hacer por ti mismo lo que solo él puede hacer». A menudo nosotros debemos dar el primer paso, como los sacerdotes que tuvieron que pisar dentro de las aguas del Jordán para que las aguas se abrieran.

Oswald Chambers me ayudó a ver un principio que me ha sido de gran sustento al encontrarme ante imposibilidades: «Dios no te va a dar la fortaleza para vencer sino que te fortalecerá mientras vences». ¡Qué tesoro de sabiduría tenemos en los santos que nos han precedido, cuando aceptamos las Escrituras como la palabra de Dios y la autoridad sobre nuestras vidas!

El temor de Dios es el principio de la sabiduría, y la obediencia es el fin.

Reflexión: Jack Modesett, Jr.

Hombre de negocios de Houston y acreedor al Premio Fred Smith al liderazgo, otorgado por Christianity Today International

Varios años atrás, le envié a Fred Smith un artículo del *Wall Street Journal* sobre prácticas de negocios en Japón, preguntándole si es que él podía encontrar en ellos algún principio que resultara útil. Me devolvió el artículo cubierto de notas marginales, e incluyendo una lista de docenas de cosas que yo no había notado.

Intrigado, comencé a buscar los principios a medida que estudiaba y enseñaba la Biblia.

Al principio, me resultó difícil ahondar para extraerlos. Pero al continuar buscando, muchos de ellos se me volvieron evidentes, y fui capaz de expresarlos de una manera en que resultaba fácil recordarlos. En la parábola de las vírgenes prudentes y las fatuas, descubrí dos que nunca he olvidado: «Dios honra nuestra preparación» y «Hay seguridad en contar con un excedente». Estos dos principios son universales, sea que hablemos de negocios o de preparar una lección para la escuela dominical.

Luego comencé a notar que otros buenos comunicadores utilizaban la misma técnica. Ray Stedman decía que «la verdad que nos moviliza a actuar» constituye uno de los más importantes principios a través de los que Dios gobierna el universo.

Otro que mencionaba Ray es: «La carne no tiene arreglo: debe ser llevada a la muerte».

Chuck Swindoll encontró que la vida de David nos enseña que «es la devoción y no la perfección lo que conmueve el corazón de Dios».

Oswald Chambers constituye también una gran fuente de principios tales como: «Ten cuidado de no colocarte en la posición de una persona profunda. Dios se hizo un bebé». En otra ocasión señaló: «Dios no te perdona porque te ama. Te perdona porque Cristo murió por ti».

Fénelon puede considerarse una mina de oro en cuanto a principios, tales como: «El amor propio es susceptible, y cuando se lo hiere, grita: ¡asesino!»

Tratar de hallar principios es divertido y tiene su recompensa. Y con un poco de práctica, se vuelve una manera de ver a Dios obrando en su creación. Gracias, Fred, por colocarme en ese camino.

Tres preguntas para pensar
1. ¿Qué verdad bíblica está produciendo cambios en mi vida?
2. ¿De qué modo estoy aprendiendo a «extraer» los principios de Dios?
3. ¿Qué conceptos les estoy enseñando a otros?

Una frase para recordar
La sabiduría de los principios divinos a menudo es conceptual; no se halla en un capítulo y en un versículo.

Una palabra de las Escrituras para atesorar en el corazón
El principio de la sabiduría es el temor del SEÑOR; buen juicio demuestran quienes cumplen sus preceptos. ¡Su alabanza permanece para siempre! (Salmo 111:10).

EL ARTE DE LA CRÍTICA

Las consideraciones de Fred

Mantengámonos en el terreno de la crítica positiva. Hace poco intenté analizar las razones por las que critico, y creo que probablemente sean las mismas causas por las que todos tendemos a criticar. Hay tres razones negativas y una positiva.

La primera razón por la que criticamos es porque intentamos trasladar a otro un malestar propio. Si antes de las diez de la mañana he sido crítico hacia todos y hacia todo, debo parar y preguntarme: «Fred, ¿qué te pasa? ¿Por qué estás molesto contigo mismo?» Y generalmente tengo que ir a hacer una llamada a alguien y pedirle perdón. Mi entorno no se va a poner en orden hasta que yo deje de estar enojado conmigo mismo y arregle las cosas.

La segunda razón: Criticamos para mostrar que sabemos más, que nuestro conocimiento es superior. A menudo, cuando alguien nos menciona una gran idea que ha tenido, nosotros respondemos con entusiasmo hasta que de repente se nos cruza el pensamiento: *no puedo mostrarme demasiado entusiasmado para que él no crea que es más listo que yo.* Así que le decimos: «José, esa es una gran idea, pero...» Muchos de los «sí, pero...» surgen del deseo de demostrar que sabemos más.

La tercera razón para la crítica negativa suele estar vinculada con un desempeño que no ha sido destacado. Aquellos que comienzan bien, pero que luego no entran en la lista de los primeros, generalmente se vuelven críticos. No podemos volver a colocar en su anterior rango a un ejecutivo que ha fracasado: se convertirá en alguien que solo hable de forma negativa.

La crítica positiva, por el otro lado, indica el deseo de producir mejoras, de *ayudar* a otro señalando algo que él no puede ver. Se lleva a cabo de un modo suave y amable. La verdadera crítica positiva es específica y va claramente dirigida al área que necesita trabajarse con el fin de mejorar. El motivo de la crítica positiva (ayudar al otro) la coloca aparte de las formas negativas.

Cuando uno critica positivamente, demuestra estabilidad emocional, cualidad que todo líder debería tener.

Reflexión: Ron Glosser
Presidente y ejecutivo principal (retirado
de Hershey Trust Company

Fred y yo hemos pasado bastante tiempo juntos, de modo que él sabe que yo deseo dedicar la mayor parte de mi tiempo a ser alguien que alienta. Cuando me descubro demasiado crítico, entiendo que es momento de hacer un autoexamen. Creo que la crítica debe usarse escasamente. Es bueno hacerse uno mismo esta pregunta: *¿A este individuo le gustaría mejorar con respecto a esta cuestión si supiera que eso lo ayudaría?*

Nuestro mutuo amigo Ken Blanchard tiene un argumento fuerte para sustentar su «minuto de alabanzas». En mi experiencia, he hallado que es algo muy genuino y constructivo. Hay momentos en que se necesita la crítica, pero en la mayoría de las situaciones la alabanza produce muchos mejores resultados con el tiempo.

Durante los años en que fui el ejecutivo a cargo en Hershey Trust Company, tuve como regla evaluar a aquellos que respondían a mí sobre una base trimestral. Descubrí que eso eliminaba las grandes sorpresas de fin de año cuando se evaluaba para dar una compensación y promover a un puesto superior. Es difícil criticar a un individuo que piensa que las cosas andan bien cuando no nos hemos tomado el tiempo de analizar áreas que necesitan mejorar. Después de haber considerado esas áreas que precisan mejoras sin ver que se produzcan cambios, es justo encarar una conversación seria con respecto a si esa persona debe o no conservarse como parte del equipo.

He descubierto que la mejor manera de evitar volverme crítico es mantenerme centrado desde muy temprano en el día. Lo logro a través de leer las Escrituras y orar. Trato de identificarme como un amado hijo de Dios y de mirar a todos aquellos con los que me pongo en contacto de la misma forma.

Tres preguntas para pensar

1. ¿Cómo reacciono ante la crítica constructiva?
2. ¿Tengo una buena disposición en cuanto a recibir ayuda y consejo?
3. ¿Qué forma de crítica constituye mi modus operandi en casa, en mi trabajo, en la iglesia?

Una frase para recordar

Cuando uno critica positivamente, demuestra estabilidad emocional, cualidad que todo líder debería tener.

Una palabra de las Escrituras para atesorar en el corazón

Después de todo, aunque nuestros padres humanos nos disciplinaban, los respetábamos. ¿No hemos de someternos, con mayor razón, al Padre de los espíritus, para que vivamos? (Hebreos 12:9).

11

VIVIR A TRAVÉS DEL AMOR

Las consideraciones de Fred
El amor crea un medio ambiente que fortalece el deseo de vivir. El amor trae gozo a nuestra vida cuando tenemos poco por lo que regocijarnos. A veces apreciamos tanto el ser amados que nos olvidamos de la responsabilidad que conlleva el ser objeto del amor de otros: aquellos que nos aman desean que vivamos y no que muramos. A menudo hablamos de procurar una vida que valga la pena, y estoy convencido de que comprender el valor del amor constituye una buena parte de nuestra empresa en ese sentido. Muchos me dicen que soy demasiado determinado, o porfiado, como para morir, pero yo creo que es la comprensión de que soy amado y de que aun puedo hacer una contribución lo que me da un propósito para continuar.

Los médicos señalan que muchos ancianos de los que se dice que han muerto por causas naturales en realidad mueren debido a su soledad. Investigaciones médicas recientes muestran que uno literalmente puede morir por tener el corazón partido. A la inversa, hay estudios que demuestran que la gente que recibe cuidados y oración tiende a tener una vida más larga y rica que aquella que no lo recibe.

De la misma manera en que el don más grande que hemos recibido de Dios es su amor, el mayor regalo que podemos hacernos los unos a los otros es el amor, y también el amar al Señor. El amor no requiere ser merecido; simplemente se brinda.

Y por lo tanto, aun cuando seamos personas con una gran discapacidad, podemos ser amados y amar.

El amor es la emoción más fuerte que llegamos a sentir, y en la que podemos sustentarnos. Los actos de amor son tan importantes como las palabras de amor. Uno de los momentos favoritos del día es cuando mi hija Brenda entra, me palmea en el brazo, me besa en la frente y me dice: «Te veo mañana por la mañana». Cuando el médico me sentenció como «moribundo», ella señaló: «No. Me lo llevaré a casa y él vivirá». Y eso precisamente fue lo que sucedió. Hay poder en el amor.

Aunque la que fue mi esposa, y novia, durante sesenta y siete años esté ahora en el cielo, yo todavía celebro el día de San Valentín en su honor. Ahora percibo que cada día está lleno del amor de Dios.

Reflexión: Ruth Stafford Peale
Presidenta emérita de Guideposts, Incorporated
Escritora y oradora

Fred habla de «la responsabilidad que conlleva el amor». Uno de los secretos sobre el amor que mi marido, Norman Vincent Peale, y yo compartimos que es ambos estamos interesados en las mismas cosas y seguimos una misma línea de pensamiento en muchas de las situaciones que enfrentamos. Ambos trabajamos arduamente para ayudar a las personas, y creo que esa es la razón por la que permanecimos casados durante más de sesenta años. A pesar de que los dos siempre estábamos muy ocupados, descubríamos que nuestra visión era la misma.

También éramos conscientes de los dones particulares que Dios nos había dado a cada uno de los dos. En realidad, muy pronto después de habernos casado, descubrí que en un sentido mi marido y yo éramos completamente distintos. Yo nunca había tenido ningún problema en tomar decisiones con respecto a la mayoría de las cosas, pero Norman con frecuencia pasaba por conflictos al tener que tomarlas. A menudo me pedía consejo, así que yo dejaba lo que estaba haciendo y trataba de escucharlo con paciencia. La mayoría de las veces simplemente me necesitaba como caja de resonancia que lo ayudara a clarificar sus pensamientos.

En muchas ocasiones yo descubría al día siguiente, para mi sorpresa, que el asunto no había quedado para nada resuelto, y que él quería volver a revisarlo porque tal vez hubiera aspectos que no habíamos considerado con la debida seriedad. Parte de mi amor por él fue aprender a ser un oído atento y ayudarlo a expresarse en el proceso de tomar sus decisiones.

Llegué a la conclusión de que si Dios iba a conducir nuestras vidas, tendría que mantener mi mente abierta, de modo que Norman y yo pudiésemos usar los dones que se nos habían concedido a cada uno. Constituíamos una sociedad en la que cada uno usaba y desarrollaba sus propios dones, pero al mismo tiempo avanzábamos juntos en la misma dirección.

Con frecuencia me preguntaba: *¿Tendré que continuar haciendo estos ajustes para siempre?* La respuesta era un contundente sí, porque nunca dejamos de crecer, aun después de sesenta y tres años de matrimonio. He llegado a darme cuenta de que solo una mujer puede ser esposa, y solo una esposa puede proporcionar esa ayuda particular que necesita el marido. Ninguna otra verdad me resultó tan difícil de abrazar como esta, pero la recompensa y los resultados fueron (y siempre lo serán) tremendos.

Tres preguntas para pensar
1. ¿A quiénes amo, y quiénes me aman?
2. ¿Qué responsabilidades conlleva el ser amado?
3. ¿De qué manera reconozco el amor de Dios en mi vida?

Una frase para recordar
El amor crea un medio ambiente que fortalece el deseo de vivir.

Una palabra de las Escrituras para atesorar en el corazón
Ahora, pues, permanecen estas tres virtudes: la fe, la esperanza y el amor. Pero la más excelente de ellas es el amor (1 Corintios 13:13).

12

SOMOS REVIGORIZADOS
POR LOS LOGROS

Las consideraciones de Fred

He aprendido que si acabo el día sintiéndome derrotado, probablemente se deba a que no logré realizar nada que valiera la pena. Los logros me producen tal alegría que eso restaura mis energías. La actividad en sí misma, por el otro lado, resulta agotadora.

A medida que voy avanzando en años, descubro que me he vuelto más selectivo, más minucioso y consciente acerca de lo que trato de hacer. He aprendido que la actividad no es una señal de logros. Si soy capaz de delegar aquellas tareas de las que no preciso ocuparme en persona, más atención les puedo prestar a aquellas que solo yo puedo realizar. ¿A veces descubres que estás llevando a cabo un trabajo que en realidad le compete a algún otro? ¿Por qué? Un amigo mío, que dirigía una compañía internacional, cierta vez me dijo: «No voy a pagarles y además hacer su trabajo».

Puede ser que un líder sienta que no se puede dar el lujo de solo hacer unas pocas cosas que domina bien, pero este principio igualmente se aplica en ese caso. He conducido tanto pequeñas organizaciones como grandes corporaciones. Y nunca me ha faltado tiempo, porque creo que siempre supe establecer prioridades. Conservo para mí la realización de aquellas cosas que solo yo puedo hacer y delego el resto. Pero muchos sucumben a la tentación de mantener a los demás dependientes de él para que ellos se sientan importantes.

Yo no me alegro por sentir que me necesitan. Le he expresado a mi familia que deseo que cuando yo muera ellos recuerden el amor que nos tuvimos en lugar de tener memoria de una dependencia enfermiza. Quiero que cada uno de ellos madure al punto de que no me necesite ya más. No quiero ser como aquel criminal, que viendo que su nombre aparecía en una cartelera policial, añadió al lado, sarcásticamente: «¡Qué bueno es ser buscado!»

Para mí, la filosofía de liderazgo más apropiada es esta: hacer aquellas cosas que solo yo puedo hacer. Muchos líderes conectan su ego con la actividad y se olvidan de que el avance se mide por los resultados, y no porque sean ellos los que apagan las luces a la noche.

Reflexión: Garry D. Kinder

Fundador y presidente adjunto de The Kinder Group, Inc.
Escritor, orador y maestro de Prestonwood Bible Study
Fundador de Roaring Lambs

Nunca confundamos actividad con logros. Una persona que camina en círculos aplica la misma cantidad de energía que otro que camina a lo largo de la calle. Pero uno va hacia un destino, en tanto que el otro no. No queremos la actividad por la actividad misma; deseamos resultados. No se nos paga por mantenernos activos; se nos paga por lograr resultados.

Fred también dice que necesitamos disciplinarnos para llevar a cabo todo lo que debemos hacer. Necesitamos, entonces, delegar todo lo que no deberíamos hacer. Hagamos siempre aquellas cosas que somos capaces de realizar mejor que otros. Ciñámonos a lo que es nuestra pasión.

En la universidad tuve un excelente profesor durante mi último año. Su nombre era Dr. William T. Beetles. Recuerdo que él utilizaba una ilustración para enseñarnos una lección muy importante: Si contáramos con un abogado que fuera el mejor profesional de la ciudad, pero a la vez fuera el que mejor tipea la correspondencia, ¿quién creen que debería ocuparse del tipeo en su estudio de abogado, él o su secretaria? La respuesta resulta obvia.

En nuestros negocios necesitamos trabajar estableciendo correctamente las prioridades. Debemos dedicar nuestro tiempo a las actividades más redituables. Mucha gente se aboca a realizar las cosas de las que disfruta, y que realiza bien, pero que no pagan buenos dividendos. Trabajemos en proyectos que nos vigoricen. Y mantengámonos alejados de todo aquello que nos deja con una sensación de agotamiento al final del día.

Siempre deberíamos trabajar sobre nuestros puntos fuertes, y manejarnos de tal modo que podamos esquivar nuestros puntos débiles. Peter Drucker nos ha enseñado a trabajar sobre nuestros puntos fuertes de modo que nuestros puntos débiles resulten irrelevantes. Si nos dedicamos a trabajar sobre nuestros puntos débiles, nuestros puntos fuertes serán los que se vuelvan irrelevantes.

Tres preguntas para pensar
1. ¿Cómo hago para enfocarme en los logros y no en una mera actividad?
2. ¿Qué trabajos debería delegar a otros?
3. ¿Cuáles son mis principales puntos fuertes?

Una frase para recordar
Yo no me alegro por sentir que me necesitan. Le he expresado a mi familia que deseo que cuando yo muera ellos recuerden el amor que nos tuvimos en lugar de tener memoria de una dependencia enfermiza.

Una palabra de las Escrituras para atesorar en el corazón
—No está bien lo que estás haciendo —le respondió su suegro—, pues te cansas tú y se cansa la gente que te acompaña. La tarea es demasiado pesada para ti; no la puedes desempeñar tú solo (Éxodo 18:17-18).

13

EVITAR EL SABOR AMARGO

Las consideraciones de Fred

La pequeña libreta negra que algunos utilizan para llevar una «lista de asuntos que arreglar» constituye un objeto venenoso. Las Escrituras nos dicen: «Mía es la venganza; yo pagaré» (Hebreos 10:30). La venganza no tiene lugar en una vida madura: es un ácido que corroe el ser interior.

Algunos individuos han sido lo bastante desafortunados como para construir su vida alrededor de un incidente en el que fueron heridos, trabajando en torno a la venganza hasta que esta se transforma en la obsesión de su vida. Los lleva a desarrollar un mal espíritu, a volverse cínicos, insanos, desesperados, faltos de alegría y, con seguridad, gente de la que uno no desea rodearse.

A cualquiera de nosotros nos resulta difícil evitar amargarnos cuando somos lastimados. A veces la herida es causada por un individuo, a veces por alguna situación en particular. Todos conocemos hombres y mujeres que conviven con las secuelas que les han dejado ciertas experiencias de abuso, alguna enfermedad en su cuerpo o algún daño emocional irreparable. Nos hemos encontrado con aquellos que manejan las heridas con gracia y otros que enfrentan cada día dando lugar al resentimiento.

Luego de hablar en un desayuno de oración en Wichita, Kansas, uno de los ejecutivos presentes me pidió que visitara una planta en la que se había empleado a 200 personas con deficiencias mentales. Él era el presidente del consejo directivo de la empresa, e insistió en que realizáramos esa visita. Debo admitir que esa planta no era una prioridad en mi lista de lugares en los que quería detenerme durante mi estadía en la ciudad, pero me alegro de que él se haya mostrado persistente.

La mayoría de los empleados de la planta eran personas con síndrome de Down. Mientras recorríamos la planta, le pregunté con qué frecuencia iba allí. «Vengo casi todos los días», me respondió. Me di cuenta de que era muy amado por los empleados porque constantemente ellos se acercaban a saludarlo y abrazarlo. Cuando llegamos al gimnasio, una niña con síndrome de Down se acercó y lo abrazó con alegría. Él se dio vuelta hacia mí y me dijo: «Fred esta es mi hija Lynn». Yo también la abracé, y me di cuenta de que en lugar de amargarse, esa situación lo había llevado a ser una mejor persona.

Reflexión: Verdell Davis Kreisher
Escritora, oradora y consejera entre gente en problemas

A veces, la vida solo nos duele, y no llegamos a comprender por qué debe ser así. Y lo que es más, clamamos desde nuestro dolor: «¡No es justo!» El clamor por justicia proviene de la sensación de que alguien en particular o la vida en general nos debe algo. La cultura occidental alimenta en nosotros el sentir de que tenemos derechos. Con mucha frecuencia nos encontramos diciendo cosas como: «Debería tener...», «Merezco...», «¿Por qué a mí?», «¿Dónde está la parte que me toca?», «¿Por qué yo no puedo...?» Así que cuando la vida nos entrega solo limones, nos enfrentamos con una importante decisión que tomar. Tal como lo dice Fred: *¿Voy a volverme una mejor persona o solo amargarme?*

En algún momento, el transcurrir de la vida nos pondrá a cada uno de nosotros cara a cara con cierta medida de las realidades vivenciales de un mundo fracturado: no todas las enfermedades sanan, no todas las relaciones se recomponen, no todos los aviones llegan a casa. En determinadas circunstancias cada uno de nosotros se hallará frente a los escombros de algo que fue, preguntándose: *¿Y ahora qué?* Son las tormentas de la vida, como yo las llamo; aquellas cosas que «no esperábamos que se dieran» en nuestra existencia: como muertes, relaciones deshonradas, traición, niños nacidos con discapacidades o deformidad, enfermedades, falta de trato humano entre las personas, fracasos morales, tragedias, vulnerabilidad ante el terrorismo... y, sin embargo...

¡Y,... sin embargo! Esas palabras están llenas de posibilidades. Fue un avión que no llegó a destino el que me enseñó que mi quebrantamiento cuando permanece en mis propias manos sigue siendo quebrantamiento y se repliega sobre sí mismo como ira, amargura, furia, cinismo, desesperación y una atadura emocional. Y, sin embargo, el mismo quebrantamiento en las manos de Aquel que es el único que tiene el poder de producir nueva vida a partir de las cenizas de antaño puede convertirse en mucho más que eso. Ciertamente, él se inclinará junto con nosotros cuando recojamos los trozos, hechos mil pedazos, de la vida que conocimos. Y en su inclinarse, nos infundirá la fortaleza y gracia que le permitirá a un mundo cínico ver que aun la más oscura de las tragedias puede convertirse en un faro de luz.

La elección es nuestra.

Tres preguntas para pensar
1. ¿De qué modo me define una herida personal?
2. ¿De qué maneras elijo ser mejor y no amargarme?
3. ¿De qué forma manejo aquellas cosas que «no esperaba que se dieran»?

Una frase para recordar
De las personas que conozco, aquellas que han alcanzado más éxito son las que han decidido ser mejores en lugar de amargarse.

Una palabra de las Escrituras para atesorar en el corazón
Pero yo, SEÑOR, en ti confío, y digo: «Tú eres mi Dios» (Salmo 31:14).

14

CREAR UN MEDIO AMBIENTE
DE VICTORIA

Las consideraciones de Fred

Cuando veía al viejo vaquero sobre cuya vida se basó la película *The Horse Whisperer* [El que le susurra a los caballos], percibía que él era un espíritu afín, como un alma gemela. Utilizaba la empatía más que la dominación para lograr sus metas. Transformó tanto el rol del vaquero como la experiencia del caballo al cambiar de un sistema jerárquico, cuya expresión es tiránica, a un programa de equipo, o sea, de interés mutuo. Ya no dependía del temor del caballo sino de su amistad. Sus órdenes se convirtieron en sugerencias amistosas que sabía que serían aceptadas.

John Wooden, el afamado entrenador de básquet de UCLA, que logró más victorias que los demás, utilizaba un sistema propio, no dictatorial. Según se dice, nunca mencionó la palabra «ganar» a ninguno de sus equipos. Simplemente enfatizaba el concepto de hacer lo mejor que le permitieran las propias posibilidades. Se trataba de un énfasis completamente distinto del acostumbrado parloteo previo al partido que se daba en los vestuarios en esos días. La filosofía de Wooden excluía el usar triquiñuelas sucias, flexibilizar las reglas, violar las reglamentaciones de reclutamiento de nuevos jugadores y falsificar las edades. De todo eso, con frecuencia, hacen uso racional y consciente los clubes que más ganan. Wooden logró que sus muchachos ganaran cuando iban perdiendo (lo que no es algo frecuente), incentivando a los hombres de sus equipos a esforzarse al máximo. Tenía un ojo clínico para detectar talentos e individuos que podrían crecer en una atmósfera que les demandara lo mejor de ellos mismos. Armó equipos de hombres honorables.

Nosotros lideramos para lograr llevar a cabo la visión de nuestro llamado. Optimizamos los dones y la pasión de nuestros asociados cuando trabajamos a fin de lograr aquello que genuinamente creemos que es la voluntad de Dios, y para la gloria de Dios.

Nos esforzamos por descubrir los valores propios de los demás y luego vamos adelante tratando de ayudarlos a desarrollarse, alentando y recompensando su esfuerzo. También procuramos alcanzar nuestra propia recompensa, y deseamos escuchar un día las palabras: «¡Hiciste bien, siervo bueno y fiel!» (Mateo 25:23).

El rol del líder consiste en captar una visión y luego crear una atmósfera en la que hombres y mujeres talentosos puedan alcanzar el éxito. Trabajar juntos en equipo, asociados, y no bajo una tiranía, constituye una señal de que una organización es sana.

Reflexión: Bill Glass

Ejecutivo emérito de Champions for Life
Ex All-Pro, Cleveland Browns
All-American, Baylor University (Títulos honorarios)

Mis memorias más tempranas se remontan a un padre que se sentaba junto a mi cama todas las noches antes de que me durmiera. Me decía lo buen muchacho que era y señalaba que lograría realizar grandes cosas. Fue una gran bendición tener un padre tan positivo; pero muy poco después quedé en medio del aturdimiento de ya no tenerlo, porque murió cuando yo apenas tenía catorce años. Extrañé mucho sus abrazos, su fortaleza varonil y su estabilidad.

Pero luego conocí al entrenador Bill Stages. Él había sido criado en el hogar Masónico de Fort Worth sin papá y sin mamá. Debe haberse enterado de que yo había quedado huérfano. Todo lo que sé es que permanecía junto a mí todos los días después de la práctica de fútbol para entrenarme en jugadas de la línea defensiva. Con frecuencia, luego de los ejercicios, caminaba a mi lado con su mano sobre mi hombro o con su brazo alrededor de mí. Siempre se mostraba como una persona positiva, y me aseguraba que iba progresando cada día más. Seguramente yo era el jugador más lento, más pequeño y más asustado del equipo. Con frecuencia me preguntaba a mí mismo: *¿Cómo es posible que yo sea el hermano menor del más grande jugador de la historia de Corpus Christi?* Por cierto, ¡ni siquiera me gustaba el fútbol!

Pero continuaba intentándolo porque mi entrenador manifestaba en alta voz mis éxitos e ignoraba mis fracasos. Muy pronto llegué a ser imposible de bloquear. No me molestaba tener que pasar por una ejercitación constante y procurar aumentar de peso. Aumenté casi treinta kilos en un año y crecí casi 14 centímetros. Pero lo principal fue que permaneció en mí la sensación de tener un padre que se sentaba junto a mi cama por las noches y me bendecía. Es asombroso todo lo que podemos lograr cuando recibimos bendición.

La mayor bendición es la que nos llega de nuestro Padre Celestial, pero con frecuencia la recibimos mejor cuando nos viene a través de nuestros padres terrenales. Gracias, Fred, por ser un padre substituto para mí.

Tres preguntas para pensar
1. ¿Qué bendición recuerdo haber recibido en mi vida?
2. ¿De qué manera he reaccionado ante la falta de una determinada bendición?
3. ¿De qué modo puedo bendecir a mi familia y amigos?

Una frase para recordar

Nosotros lideramos para lograr llevar a cabo la visión de nuestro llamado.

Una palabra de las Escrituras para atesorar en el corazón

Ya no los llamo siervos, porque el siervo no está al tanto de lo que hace su amo; los he llamado amigos, porque todo lo que a mi Padre le oí decir se lo he dado a conocer a ustedes (Juan 15:15).

15

HACER LO MEJOR QUE PODEMOS

Las consideraciones de Fred

Como cristianos necesitamos recordar que Dios se interesa en nuestro trabajo: él nos ordena ser excelentes y «no perezosos» en nuestros negocios. Estoy seguro de que a él le duele cuando nos deslizamos hacia la mediocridad y andamos dando vueltas alrededor del surtidor de agua fresca, quejándonos, o nos escurrimos a hurtadillas hacia el baño para usar nuestro teléfono celular. Cuando utilizamos las computadoras de la compañía durante las horas de trabajo para cuestiones personales o para procurarnos entretenimiento, deshonramos al Señor. Él nos dice: «Hagan lo que hagan, trabajen de buena gana, como para el Señor» (ver Colosenses 3:23). Notemos que no dice que hagamos las cosas «si nos gusta el trabajo, o nos caen bien el jefe y los compañeros». Dice que si vamos a dedicar nuestra vida a eso, debemos hacerlo usando al máximo nuestra capacidad. El realizar el trabajo «como para el Señor» le da a este un significado divino.

El ejecutivo cristiano Mason Roberts, ex presidente de Frigidaire, me comentó cual era su rutina cotidiana final. Tenía una agenda diaria que tenía impresa en la parte de arriba esta leyenda: «Habiendo hecho lo mejor que he podido hoy, será más fácil hacerlo aun mejor mañana». Al finalizar cada día, él tomaba la agenda, colocaba su mano sobre la página del día en curso, hacía una corta oración de agradecimiento por ese día, arrancaba la página, la arrojaba al cesto de papeles y se iba a su casa. En aquellos raros días en los que no podía orar sinceramente mencionando que había hecho lo mejor que estaba dentro de sus posibilidades, llamaba a su esposa y le pedía que demorara la cena, hasta que él pudiera recuperar su sentido de satisfacción.

Nuestra responsabilidad es darle sentido a nuestro trabajo. Podemos hacerlo de tres maneras: (1) siendo excelentes en lo que hacemos, lo que nos da seguridad y un sentido de respeto por nosotros mismos; (2) desarrollando un actitud adecuada con respecto a nuestro trabajo, lo que ayuda a crear un medio ambiente positivo; y (3) considerando a nuestros compañeros de labor como personas a las que podemos alentar y aun llevar al Señor.

Reflexión: Harold Myra

Escritor, presidente y ejecutivo (retirado)
de Christianity Today International

Excelencia. Esta palabra se ha estampado en la literatura dirigida al liderazgo durante décadas. ¿Qué es lo que enciende nuestros motores para dirigirnos hacia allí? ¿De qué modo esas máquinas se recargan y lubrican milla tras milla, año tras año, década tras década? ¿De qué manera la búsqueda de la excelencia puede resultar en una vida de productividad, servicio y crecimiento?

A menudo nos referimos al «mandato de la empresa» cuando nos referimos a un CEO, o sea el ejecutivo principal de una empresa. Sin un mandato, a ese ejecutivo le falta el enfoque y anda a los tropezones. La persona que quiere romper con la inercia y avanzar firmemente hacia la excelencia necesita un mandato personal, y según mi comprensión, eso comienza con un sentido de llamado.

Esto tiene que ver con una comunicación de dos vías.

A menudo cito Jeremías 33:3: «Clama a mí y te responderé y te daré a conocer cosas grandes y ocultas que tú no sabes». Clamamos a Dios por su guía, y luego esperamos tener ese sentido de llamado, no necesariamente hacia una vocación específica sino a seguir al Espíritu, que nos vigoriza y nos conduce a la excelencia.

A mediados de los 70, luego de que Fred programara mi asunción como presidente, CEO y editor de Christianity Today International (CTI) a la edad de treinta y cinco años, continué buscando su sabio consejo. Un día, por teléfono, él me dijo con respecto a las políticas del consejo directivo de CTI: «Bien, tú sabes quién es el jefe, ¿verdad?»

Mi respuesta instantánea fue: «Dios, por supuesto».

Ahora bien, Fred esperaba una respuesta diferente. Él trataba de enfatizar que yo debía reconocer a Billy Graham, que era el fundador de Christianity Today, como la persona de la que los miembros del consejo esperaban las decisiones finales. Puede ser que Fred me viera, en cierta manera, como uno de esos niños de la escuela dominical que responden a todas las preguntas con un «Jesús».

Sin embargo, mi respuesta instintiva acerca de quién era el Jefe sonaba cierta en mi propia alma. Percibía que la volatilidad de CTI en esa época estaba más allá de mi control, y que sucedería lo que Dios quisiera hacer. Mi responsabilidad consistía en apuntar a la excelencia en cuanto al producto, las relaciones y la integridad espiritual. Si todo eso se trastornaba, el Jefe máximo tomaría las decisiones finales.

Tener esta perspectiva en cuanto al factor providencial nos permite la libertad de apuntar hacia la excelencia y dejar los resultados en manos de Dios. Comienza con el llamado, pero si fracasamos en nuestros esfuerzos, si nuestro trabajo se desgasta o estalla en pedazos a causa de circunstancias externas, nos levantamos y continuamos la marcha.

El Espíritu nos insta a la excelencia. De la misma manera

que en la vida empresarial, esta clase de mandato se enfoca seria y básicamente en mantener la búsqueda de excelencia en todas las áreas de nuestra vida, con todos los triunfos, o estremecedores reveses que ello implique.

Tres preguntas para pensar
1. ¿En qué aspectos de mi vida percibo excelencia?
2. ¿Cuál es mi llamado?
3. ¿De qué manera aplico la medida «como para el Señor» a mis tareas en mi empleo, en casa y en la iglesia?

Una frase para recordar
El realizar el trabajo «como para el Señor» le da a este un significado divino.

Una palabra de las Escrituras para atesorar en el corazón
Y todo lo que hagan, de palabra o de obra, háganlo en el nombre del Señor Jesús, dando gracias a Dios el Padre por medio de él (Colosenses 3:17).

16

LEER LOS CARTELES INDICADORES QUE ENCONTRAMOS A LO LARGO DE LA VIDA

Las consideraciones de Fred

Elegir una meta para la vida no constituye nuestra decisión más importante; elegir el rumbo que tomaremos, sí lo es. El perseguir metas cortas nos puede colocar en el rumbo incorrecto. El modo maduro de lograr éxito y satisfacción es a través de la dirección en la que marchamos, y no por las metas que alcanzamos.

Enfatizar un rumbo orientado hacia el logro de metas produce el mismo problema que la Escuela de Negocios de Harvard descubrió en un «caso de estudio» referido al sistema de enseñanza. Los jóvenes estudiantes más capaces estaban aprendiendo a solucionar problemas en lugar de enfocarse en identificar oportunidades. El verdadero progreso en la vida se produce por saber reconocer las oportunidades que se presentan. Poder solucionar problemas es importante, pero solo constituye un medio para aprovechar las oportunidades. Cuando nos convertimos en personas demasiado orientadas a alcanzar metas, adquirimos un enfoque de vida mecanicista. Asumir un punto de vista totalmente tecnológico en cuanto a lograr posiciones ventajosas tiende a convertirnos en computadoras. ¿Quién desea eso?

Me opongo a establecer una meta final para la vida, en el sentido de fijar un lugar específico, definido y mensurable al que deseo arribar. Esto le concede demasiada importancia al hecho de tomar una decisión en lugar de otra. Ese enfoque

determinista crea una sensación de futilidad en los individuos que logran alcanzar aquello a lo que han apuntado,
aquello a lo que definieron como éxito y a lo que ellos con-
sideraban como el «punto culmine». Muy a menudo descubren que era el intento de lograrlo y no el logro en sí lo que
les dio el empuje y el vigor. Aquello que llegamos a ser es lo
que nos produce gozo en el camino.

No me opongo a planear, pero estoy mucho más interesado
en lo que hace a tomar decisiones basadas en el impacto que ten-
drán sobre la persona que finalmente llegaré a ser si sigo el camino que me marcan esas decisiones. No quiero enfocarme de tal
manera en las metas que llegue al último peldaño de la escalera
solo para descubrir que la he apoyado en la pared equivocada.

Las metas tienen su importancia únicamente como indi-
cadores de los kilómetros recorridos, para confirmarnos que
viajamos en la dirección correcta. Nunca deben convertirse
en fines en sí mismas.

Reflexión: Margarita C. Treviño

Profesora de la Universidad Bautista de Dallas
Oradora de conferencias y escritora

Concuerdo con el énfasis de Fred Smith de elegir un rumbo
correcto para la vida en lugar de dejarnos absorber por completo por el logro de metas personales. Una vez que se determina una meta y se la fija, ella tiene vida propia, con la energía inherente que impulsa su avance hacia adelante. Aunque
sea plausible, la meta debe poder gobernarse de un modo sabio
para finalmente generar un cambio positivo. Marchar en el
rumbo correcto resulta indispensable.

Quiero retroceder un poco y reflexionar sobre un requisito
previo a la enunciación de metas y rumbos para la vida. Creo
que debemos primero *descubrir cuál es la tarea asignada*.

Y eso tiene que ver con el *propósito* de nuestra vida. No se trata de algo que hayamos elegido. El propósito, a su vez, determina las metas y los rumbos.

Dios le dijo a Jeremías: «Antes de formarte en el vientre, ya te había elegido; antes de que nacieras, ya te había apartado; te había nombrado profeta para las naciones» (Jeremías 1:5). Lo mismo se aplica a ti y a mí. Antes de que naciéramos, Dios depositó un cometido dentro de nosotros. Él nos creo para resolver un problema específico.

El Dr. Mike Murdock, fundador y pastor principal de The Wisdom Center, escribe: «Tú estás aquí con una tarea asignada. Cada cosa que Dios ha creado constituye la solución a algún problema». Él detalla las características de nuestra misión de la siguiente manera:

- Tu Encomendamiento siempre va dirigido a una persona o a un grupo de personas.

- Tu Encomendamiento determina los sufrimientos y ataques que enfrentarás.

- Lo que te produce sufrimiento constituye una clave acerca de aquello que se te ha asignado hacer en cuanto a sanar y restaurar.

- Lo que más sufrimiento te causa revela también los mayores dones que tienes.

- Tu Encomendamiento es geográfico.

- Solo alcanzarás el éxito en él cuando tu Encomendamiento se torne una obsesión.

- Tu Encomendamiento requiere de ciertos períodos de preparación.

- Tu Encomendamiento puede ser malentendido por tu propia familia y los más cercanos.

- Tu Encomendamiento siempre tendrá un enemigo. [Y agrega] Tus enemigos son tan necesarios como tus amigos. Tus amigos te proporcionan consuelo. Tu enemigo te impulsa a avanzar.

- Tu Encomendamiento constituye el único lugar en el que se te garantiza provisión económica.[1]

Descubrir nuestro encomendamiento y someter esa tarea a la perfecta voluntad de Dios son los pasos más importantes en esa travesía a la que llamamos vida.

Tres preguntas para pensar
1. ¿Cuál es mi encomendamiento?
2. ¿En qué área de mi vida he substituido con buenas metas el rumbo que sería mejor?
3. ¿Cómo puedo estar seguro de que mi escalera está apoyada en la pared correcta?

Una frase para recordar
Aquello que llegamos a ser es lo que nos produce gozo en el camino.

Una palabra de las Escrituras para atesorar en el corazón
Por tanto, también nosotros... corramos con perseverancia la carrera que tenemos por delante. Fijemos la mirada en Jesús, el iniciador y perfeccionador de nuestra fe (Hebreos 12:1-2).

Nota
1. Dr. Mike Murdock, *The Assignment, Volumes 1-2, The Mike Murdock Collerctor's Edition* [El encomendamiento, volúmenes 1-2, Edición de coleccionistas de Mike Murdock], Wisdom International, Denton, TX, 2002.

17

UN FIEL SEGUIDOR

Las consideraciones de Fred

En nuestras vidas, el concepto de «fe» puede cumplir tanto una función de sustantivo como de verbo. Como sustantivo, nos sirve para expresar lo que es *la* fe. El Dr. Ramesh Richard, un famoso teólogo que obtuvo su doctorado en filosofía y es un predicador del evangelio, me proporcionó los «cinco *solos*» de la fe: (1) solo por gracia, (2) solo a través de la fe, (3) solo con las Escrituras, (4) solo en Cristo, y (5) solo para la gracia de Dios. Esas verdades conforman *la* fe.

La fe en función de verbo, es la manera en que vivimos *la* fe en nuestra experiencia. Por fe seguimos lo que nos dicen las Escrituras, tanto en cuanto a sus principios como a las disciplinas para la vida. Buscamos en las Escrituras tanto los mandamientos como las promesas.

En cierta ocasión en que me encontraba realizando negociaciones con el sindicato de los trabajadores del acero, nuestro abogado estaba seguro de que ellos irían a la huelga. Por lo tanto, nos recomendó que no les hiciéramos ofertas porque serían usadas como base para las siguientes negociaciones. Al salir de casa para asistir a la reunión con ellos, hice algo que nunca había hecho antes. Abrí mi Biblia y leí el primer versículo sobre el que cayó mi mirada: «Oigan cómo clama contra ustedes el salario no pagado a los obreros» (Santiago 5:4). Y supe cuál sería mi decisión. En contra de la recomendación del abogado, opté por hacerles una oferta razonable. Para nuestra sorpresa, los miembros del sindicato aceptaron prontamente. Así que evitamos una huelga. Sentí que había recibido una guía divina.

Cada vez que tomamos la decisión de hacer lo correcto, y no lo indebido, vivimos por fe. Como dice el antiguo himno, debemos obedecer y confiar en el Señor para poder caminar en fe y llevar una vida que agrade a Dios.

Reflexión: Ramesh Richard
Profesor del Seminario Teológico de Dallas
Presidente de Ramesh Richard Evangelism
and Church Health (RREACH)

La definición que da la calle de la «fe» es «creer que lo que uno sabe no está equivocado», pero la comprensión bíblica de «fe», parafraseando la definición técnica de Hebreos 11:1 es «creer que algo que uno sabe que es cierto, pero no puede verlo en el momento presente». Haciendo una distinción simple, pero a la vez profunda, la fe según la Biblia puede clasificarse por las dos preposiciones que la preceden: «a través» y «por».

La expresión «a través de la fe» transmite el sentido *instrumental* de la fe. La salvación es el don de Dios que recibimos por gracia a *través* de la fe (ver Efesios 2:8-9), y no debemos intentar encontrar salvación a través de ningún otro medio. La salvación eterna de Dios nos es provista solo a través de la fe en el Señor Jesús como el único Dios que salva a los pecadores.

La vitalidad espiritual nos viene *a través* de la fe. El error de los gálatas, que el apóstol Pablo corrigió con tanta firmeza, era haber pasado rápidamente de una santificación basada en la fe a una santificación fundamentada en las obras. Las gracias de la vida cristiana nos llegan, haciendo eco de lo dicho por Fred Smith, a través de la tubería de la fe, y no por el bombeador de las obras. La aplicación de esto es que cualquier disciplina espiritual que intente manipular el favor de Dios (por ejemplo, leer la Biblia para influir sobre su bendición en cuanto a un trato de negocios) cae en la modalidad de espiritualidad por obras. Dios puede diferenciar entre la fidelidad por amor y el amor a la fidelidad. Esto último resulta deficiente desde un punto de vista espiritual.

La expresión «por fe» expresa el sentido de *eficiencia* de la fe. Cuando Jesús se maravilla acerca de la «gran» fe de alguien o reprende a otro por su «poca» fe (ver en Lucas 7:9), se refiere a la propia calidad de la fe. Las convicciones cristianas surgen *por* fe. Por esa razón cada vez nos convencemos más acerca de lo que las Escrituras nos revelan. Dado que la fe es lo contrario a la sabiduría *humana*, a ser sabio per se, por uno mismo, por la fe desarrollamos la convicción de que lo que Dios dice es verdad. Casi todas nuestras creencias («creencia» y «fe» provienen de la misma palabra en las Escrituras) son «por fe». Sea creer en la Trinidad, en la segunda venida de Cristo como Juez, o en la realidad de la vida eterna, nos apropiamos de todo eso por la fe.

La conducta cristiana, especialmente en el ministerio, es *por* fe. Decidir llevar una vida recta, y luego ponerlo por obra, como lo mencionó Fred anteriormente, es vivir por fe. Los héroes de Hebreos 11 determinaron, por la fe, servir a Dios, sacrificarse y sufrir por él. Tenían convicción en cuanto a los propósitos del Señor, aun sin contar con evidencias circunstanciales, y continuaron andando en las promesas de Dios. ¿Estás creciendo en confianza en cuanto a la tarea para la que Dios te ha dotado y te ha llamado a realizar para su gloria, en favor de su pueblo y para el avance de su Reino? ¿Estás obedeciendo al Señor cuando la vista te indica que no puede llevarse a cabo?

En la Biblia la fe no se muestra como contraria al conocimiento pero sí como *lo opuesto a lo que se ve*. Cuando lleguemos al cielo, no necesitaremos ningún conocimiento adicional, porque nos moveremos por vista. Conoceremos como somos conocidos (ver 1 Juan 3:2). ¡Completamente! ¿Y cómo sabemos esto? Por fe.

Yo soy un hombre que tiene una pequeña fe en un Dios grande. Como el padre desesperado que le pidió a Jesús que sanara a su hijo en Marcos 9:24, clamo constantemente: «¡Sí, creo!... ¡Ayúdame en mi poca fe!» Permitamos que los sustantivos se conviertan en verbos.

Tres preguntas para pensar

1. ¿En qué se arraiga mi fe?
2. ¿De qué manera vivo mi fe en el trabajo, en medio de mi familia y entre mis amigos?
3. ¿Vivo por fe en la obra salvadora de Cristo en la cruz, o intento obtener la gracia a través del «surtidor» de las buenas obras?

Una frase para recordar

Cada vez que tomamos la decisión de hacer lo correcto, y no lo indebido, vivimos por fe.

Una palabra de las Escrituras para atesorar en el corazón

Sin embargo, alguien dirá: «Tú tienes fe, y yo tengo obras». Pues bien, muéstrame tu fe sin las obras, y yo te mostraré la fe por mis obras (Santiago 2:18).

18

SER UN LÍDER
CON UNA MENTALIDAD DE
«ESTO PUEDE HACERSE»

Las consideraciones de Fred

Recientemente me interesé en un trabajo de investigación que estudiaba las diferencias entre los negocios exitosos y los que fracasan. Se analizó a los principales ejecutivos de las compañías más grandes. Se descubrió que la diferencia más significativa entre los ejecutivos que alcanzan el éxito y los que no radica en que los ejecutivos exitosos dicen «Lo haré», en tanto que los fracasados señalan «Debería hacerlo», «Tendría que...», «Espero poder...», «Intento ocuparme de eso». (O como decimos en Texas, «Me estoy preparando para hacerlo»).

Hasta que alguien no decida decir: «Lo haré», nada sucederá. Esa es la manera de actuar de un individuo decidido. Recoge una buena idea. La anota. Vuelve a su oficina y dice: «la llevaré a cabo». Y lo hace. (¡«Ellas» lo hacen también!, tal como me lo recuerda mi hija.) Otro cualquiera puede tener una gran idea. Puede anotarla. Pero luego regresa a su oficina y se dice: «Dentro de poco me ocuparé de esto». El *dentro de poco* raramente llega, así que sigue sentado en el mismo confortable sillón, persistiendo en la rutina que lo conduce al fracaso.

La única diferencia entre el éxito y el fracaso está en este punto: La gente que alcanza logros dice «Lo haré»; luego va y lo hace. Crea un buen plan y luego *lo ejecuta*. Muchas personas que fracasan se preparan, apuntan...¡pero nunca disparan!

La línea que divide al éxito del fracaso es muy fina pero a la vez muy real.

Unos amigos míos de la industria del seguro lo ilustran de esta manera: «El agente de seguros que alcanza logros hace lo que el fracasado no hace». Un buen agente de seguros realiza llamadas, busca posibles clientes y logra que firmen. El otro agente de seguros organiza sus formularios, lee las revistas de ventas y espera el tiempo oportuno para realizar el llamado. ¿Alguna vez llega ese tiempo? Aparentemente no.

Una buena línea de pensamientos, seguida de las acciones correctas, conduce al éxito.

Reflexión: Jack Kinder

Fundador y copresidente de Kinder Brothers, International
Escritor, orador y consultor

La manera más segura de lograr un éxito sólido es formar el hábito de obligarnos a realizar una actividad productiva. La clave aquí es *formarnos el hábito*.

Se dice que Andrew Carnegie recompensó a un joven consultor, Ivy Lee, con un cheque por 25.000 dólares por aportar a U.S. Steel una simple estrategia formadora de buenos hábitos: al finalizar el día, se esperaba que todos los empleados se sentaran ante su escritorio y definieran en papel todas las cosas que debían hacer al día siguiente. En una segunda hoja, debían anotar esas tareas en orden de prioridad.

Al comienzo de cada día, se les pedía a aquellos empleados que comenzaran su trabajo por el comienzo de la lista y que fueran tachando las tareas completadas. Al avanzar desde el principio hacia el final, raramente lograban cumplir con todas las actividades que habían planeado. Sin embargo, *formaron el hábito* de concentrarse en las tareas prioritarias.

Andrew Carnegie consideró que la idea valía 25.000 dólares para sus empresas. ¿De qué valor la consideras tú?

Tres preguntas para pensar

1. ¿Qué me lleva a avanzar de un «debería hacerlo» a un «lo haré»?
2. ¿Qué buenos hábitos me ayudan a atravesar los momentos difíciles?
3. ¿De qué modo controlo mis actividades diarias?

Una frase para recordar

Hasta que alguien no decida decir «lo haré», nada sucederá.

Una palabra de las Escrituras para atesorar en el corazón

Pero los que confían en el SEÑOR renovarán sus fuerzas; volarán como las águilas: correrán y no se fatigarán, caminarán y no se cansarán (Isaías 40:31).

19

PREPARADOS A TRAVÉS DE LA ESPERANZA

Las consideraciones de Fred

Las tres palabras más importantes al final de 1 Corintios 13 son «fe», «esperanza» y «amor». ¿Pablo hace aquí, para culminar, una declaración señalando que la esperanza es mayor que la fe y el amor mayor que la esperanza? No lo sé. Pero lo que sí sé es que la esperanza es una de las emociones más predominantes en nuestra vida. La fe se relaciona en gran parte con el presente, la esperanza se refiere mayormente al futuro, y el amor es lo máximo y lo que perdurará. La esperanza tiene que ver con nuestra fe en el futuro y se basa en Cristo, que la sostiene. La esperanza no se relaciona con lo que se puede ver sino con lo que no se ve.

Como lo dijo un filósofo: «Un hombre [o una mujer] lo puede soportar prácticamente todo mientras conserve la esperanza». Las Escrituras dicen: «La esperanza frustrada aflige al corazón» (Proverbios 13:12).

Yo tengo un terapista físico polaco cuya tarea consiste en estirar mis músculos de modo que vuelvan a funcionar y ser útiles luego de meses y meses en cama. Descubro que cuando cuenta en voz alta, tengo esperanza de que acabe. Cuando no cuenta en voz alta, yo no puedo saber cuando llegará al final. La esperanza estimula la paciencia. Nos da una razón para ser tenaces. Promueve la disciplina dirigida a alcanzar logros.

La fuente de la esperanza no es tener esperanza en la esperanza, sino esperar específicamente en algo o en alguien.

Nosotros esperamos en Cristo; según nuestra experiencia o nuestra fe, confiamos en que la vida tiene un propósito, aun cuando no lo veamos. La esperanza requiere de un objeto definible. Esa esperanza puede ser la eternidad («la esperanza bienaventurada»), o la seguridad que la esperanza misma nos proporciona aquí sobre la tierra. El himno favorito de mi esposa era «Lleva contigo el nombre de Jesús». El coro contiene una línea que describe la naturaleza del nombre de Jesús: «la esperanza de la tierra y el gozo del cielo». Otra línea tremenda de un himno dice: «Mi esperanza está edificada en nada menos que la sangre de Jesús y su justicia».

La esperanza tiene sustancia, contenido, porque está fundada en el Dios inmutable, que hoy es el mismo que en el pasado, y que seguirá siendo en el futuro.

Reflexión: Johanna Fisher
Personalidad radial y ex conductora de ¡Johanna en vivo!

Al abandonar una importante organización luego de trabajar allí por diez años, tenía la esperanza de que el próximo paso estuviera a una distancia de un par de semanas. Resultó que fueron más de cinco meses, en los que la esperanza reinó de un modo supremo. La movida llevó mucho más tiempo del que imaginamos, pero durante ese tiempo yo tuve ocasión de considerar de un modo más profundo mi relación con el Señor y pensar acerca de la clase de persona en la que me estaba convirtiendo como resultado de todo eso. La esperanza me proveyó un lugar en el que vivir mientras el Señor me enseñaba y se ocupaba de todos los detalles de la transición. Al mirar hacia atrás hoy, todavía me sonrío. Yo no tenía idea de todo lo que estaba ocurriendo en los lugares celestiales. Pero sabía, esperaba, creía, comprendía, que él estaba haciendo algo que resultaría para mi bien.

La esperanza no tiene que ver con esa expresión trivial que usamos a veces: «Ah, sí, *espero* que...». Utilizándola de esa manera, muestra indicios de un lenguaje norteamericano coloquial lleno de tonterías e intrascendencias, y tiene un sentido vago.

Mamá acostumbraba a usar esta expresión con cautela: «Vive con esperanza; muere en desesperación». Inmediatamente después ella agregaba: «Eso es lo que se dice, pero no refleja la manera de pensar del cristiano» Ella sabía que en Cristo siempre hay esperanza. Después de muchos años de caminar con él, tenía esperanza en sus promesas.

El coro del Tabernáculo de Brooklyn canta: «Dios está obrando aun ahora». ¿Ven el punto? Creer es ver con claridad.

¿Quién podía saber que yo tendría la chance de volver a experimentar el sentido de esa palabra? Esta vez tiene que ver con·abandonar un empleo luego de veintitres años de haber hecho algo de lo que disfruté completamente. La palabra «esperanza» es como un mantra para mí, porque creo más que nunca que el propósito de Dios en mi vida (¡y en la tuya!) se cumplirá en su tiempo, si esperamos y confiamos en él. ¡Recuérdamelo si llega a suceder que no esté reflejando esa verdad!

Tres preguntas para pensar
1. ¿En qué se basa mi esperanza?
2. ¿De qué modo me recuerdo a mí mismo diariamente la esperanza que tengo en un Dios inmutable?
3. ¿Qué es lo que me permite alentar a otros a tener esperanza?

Una frase para recordar
La esperanza tiene sustancia, contenido, porque está fundada en el Dios inmutable, que es el mismo hoy que en el pasado, y que seguirá siendo en el futuro.

Una palabra de las Escrituras para atesorar en el corazón
Esperando tu salvación se me va la vida. En tu palabra he puesto mi esperanza (Salmo 119:81).

MANTENER EL MOTOR EN MARCHA

Las consideraciones de Fred

Durante las épocas en las que no alcanzamos grandes logros con respecto a nuestra carrera, es importante apuntar a otros logros externos. Esa es la manera en que volvemos a ligar nuestro ego con nuestros logros.

Le sugerí a un amigo que atravesaba por un tiempo de achicamiento luego de vender su empresa que buscara satisfacción personal en un escenario que no tuviera que ver con su carrera. Varios meses después lo vi y, para mi sorpresa, noté que había perdido casi veinte kilos. Me dijo: «Acepté tu sugerencia y está funcionando: no solo he perdido el peso que necesitaba bajar urgentemente, sino que también he ganado el campeonato de dobles jugando al tenis en el club». Él había redescubierto la alegría de alcanzar logros.

Toda carrera tiene sus puntos muertos. Inevitablemente hay tiempos de detención en los que nos encontramos en una meseta en medio de nuestro ascenso. Es importante recordar que nosotros no hemos fallado; solo nuestros planes fallan. En lugar de permitir que eso nos saque de la huella, podemos redirigir nuestras capacidades productivas, dándoles una dirección diferente de lo que es nuestra vocación. Podemos canalizar nuestra necesidad de alcanzar logros a través de una salida ministerial o enfocándonos hacia la caridad. Podemos desarrollar nuevas habilidades y ampliar la gama de nuestros actuales intereses. Es importante reconocer la importancia de la productividad.

Una pausa temporal en nuestra carrera no tiene por qué acabar con la gratificación de nuestro ego. Es importante, por supuesto, que estos logros subordinados no se conviertan en un escape, tampoco debemos permitir que nuestros intereses no vocacionales superen a los de nuestra propia vocación. La idea principal es mantenernos dentro de la vida productiva, continuar realizando una contribución y poseer un sentido de logro.

Si perdemos la oportunidad de crecer en medio de la meseta en la que estamos, acabaremos marchando en círculos sin realizar ningún progreso o avance. El usar apropiadamente los tiempos de meseta puede fortalecernos y proporcionarnos un nuevo comienzo. El hombre y la mujer productivos reconocen que los logros alcanzados alimentan a los nuevos logros.

Los tiempos de baja actividad nos permiten espacios para desacelerar y prepararnos para el siguiente ascenso.

Reflexión: Vicki Hitzges
Oradora orientada hacia la motivación

Me reí al leer sobre la idea de Fred de que una pausa era el período de tiempo posterior a la venta de una empresa por parte de uno de sus amigos. *Mi* comprensión de una pausa sería iniciar una carrera como oradora desde una oficina en mi casa, sin clientes, sin cheques de paga, sin tener que dirigir, sin idea de cómo comenzar y sin buenas respuestas a la pregunta: «¿Qué es lo que *tú* estás haciendo ahora?» La respuesta más sincera sería: «Confecciono listas y luego hago un alto para comer helado. Me siento muy realizada con eso». Para mí eso es una pausa, un tiempo de detención.

Cuando llegamos a ese momento de detención, el principio de la inercia es el que se hace cargo de las cosas.

Se trata del principio que señala que la gente que está en movimiento continúa en movimiento, en tanto que la gente que anda en pijamas hasta la tarde sigue andando en pijamas hasta la hora de irse a dormir. Es una ley de la física. Cuando nos enfrentamos con una pausa, mostramos la misma pasión de una trucha varada en la playa.

Es posible cambiar de lado: o sea, dejar de ser alguien que ha abandonado la lucha y se ha sentado, para pasar a ser alguien que se mueve y se sacude. Sin embargo, es difícil. Eso porque el letargo nos infecta de depresión. La gente depresiva no desea ir y hacer; prefiere detenerse y desplomarse. Elegimos dormir, mirar televisión y comer. El trabajar las situaciones o comprometernos con otras cosas se nos vuelve menos atractivo a medida que van pasando los días. Los malos hábitos pronto se hacen cargo de la situación, como si fueran una red que nos hubiera caído encima mientras andábamos dando vueltas de forma displicente. A medida que continúa el letargo, la depresión solo se profundiza. Nos sujeta firmemente, como lo hizo Mike Tyson con la oreja de su oponente.

Cuando nos volvemos productivos, sin embargo, se nos levanta el ánimo. Ana Frank señaló lo siguiente: «La pereza puede parecer atractiva, pero es el trabajo lo que produce satisfacción».

O como lo expresó Zig Ziglar: «Felicidad es tener algo que hacer».

La ex primera ministra Margaret Thatcher hizo esta observación: «Considera cuál es el día en el que, cuando lo acabas, te sientes completamente satisfecho. No se trata de un día en el que andas holgazaneando sin hacer nada; es aquel en el que tienes todo por hacer, y lo llevas a cabo».

Tres preguntas para pensar
1. ¿En qué área de mi vida, más allá de la laboral, puedo satisfacer mi necesidad de alcanzar logros?
2. Si perdiera mi trabajo, ¿qué otra cosa habría que me definiera?
3. ¿De qué modo podría crear otras salidas productivas para mi vida?

Una frase para recordar
Los tiempos de baja actividad nos permiten espacios para desacelerar y prepararnos para el siguiente ascenso.

Una palabra de las Escrituras para atesorar en el corazón
Por tanto, celebro la alegría, pues no hay para e hombre nada mejor en esta vida que comer, beber y divertirse, pues solo eso le queda de tanto afanarse en esta vida que Dios le ha dado (Eclesiastés 8:15).

21

RESPONDER AL TODOPODEROSO

Las consideraciones de Fred
Alguien me pidió que definiera lo que es «el gozo del Señor».
Yo lo pienso en términos de cuatro expresiones: «admiración
reverente», «alabanza», «gratitud» y «obediencia».

Cuando siento una *admiración reverente* por Dios, percibo
su realidad. Por ejemplo, cuando pienso acerca de la mente
que creó nuestro ADN, siento una admiración reverente.
Watson y Crick recibieron el Premio Nobel por identificar la
obra de Dios. Imaginemos el intelecto y el vocabulario que
se necesita para determinar la cantidad de estrellas que existen y darle nombre a todas ellas. Quedo asombrado.

Eso es digno de *alabanza*, y cuando levanto su nombre estoy
reconociendo su dignidad y valor. Lo alabo por su gracia, que
nos es común a todos. Lo alabo por lo que él es. La alabanza
me concede la posibilidad de experimentar su presencia.

La *gratitud*, para mí, es algo más personal. No se trata simplemente de afirmar su valor y dignidad, sino de presentarle
una ofrenda por sus múltiples bendiciones. Al agradecer,
magnifico su nombre por todo lo que él ha hecho por mí
como individuo. A través de esa relación personal, siento su
presencia.

Ciertamente, a través de la *obediencia* reconozco su autoridad y percibo que él está a mi lado. Cuando respeto las leyes
de tránsito, reconozco que estoy en presencia de la autoridad
civil. Cuando obedezco los mandatos de las Escrituras, reconozco que estoy ante Dios. Reconozco la presencia de Aquel

que es el dador de todas las leyes cuando doblo mis rodillas delante de su autoridad.

El hermano Lorenzo dijo: «No existe en el mundo una clase de vida más dulce y deleitosa que aquella de vivir en permanente conversación con Dios. Solo los que la practican y experimentan pueden comprenderla».

Experimento la presencia de Dios en la realidad de la admiración reverente, en el valor de la alabanza, en el ofrecimiento de gratitud y en la aceptación de la obediencia. Es en eso que encuentro gozo.

Reflexión: Donald Campbell
*Ex profesor y presidente del
Seminario Teológico de Dallas, Texas*

Fred escribe acerca de experimentar la presencia de Dios a través de la *admiración reverente*, la *alabanza*, la *gratitud*, y la *obediencia*. La consideración de estos temas me llevó a la porción más maravillosa de las Escrituras, los Salmos.

El lenguaje exuberante del Salmo 19 expresa en términos de adoración la *admiración reverente* de David. El mensaje es claro: este Dios admirable no nos ha dejado en oscuridad. Él se comunica con todo el pueblo, en todas partes, a través de la naturaleza y de las Escrituras. La revelación de Dios nos ha llegado a través del Gran libro (el universo) y del Pequeño libro (la Biblia).

Encontramos lenguaje de *alabanza* en el Salmo 8, que constituye un ejemplo perfecto, según dice un autor, de lo que debería ser un himno: una celebración a Dios por su gloria y gracia. El salmo comienza y acaba con Dios: «Oh, Señor, soberano nuestro, ¡qué imponente es tu nombre en toda la tierra!» (v. 1 y 9).

En ningún lugar de las Escrituras se expresa más elegantemente la virtud de la *gratitud* que en el conocido Salmo 103.

Un pastor ha sugerido que David hace una lista de sus bendiciones para evitar que en algún momento oscuro y depresivo se olvide de Dios y asuma que la gracia está garantizada. David puede haber escrito este salmo en sus últimos años, cuando tenía un sentido más claro de la fragilidad de la vida, una percepción más aguda en cuanto al pecado, y una mayor comprensión de lo que implican la bendición y el perdón. Por lo tanto, este es un salmo que puede ministrarnos durante toda la vida.

Al tema de la *obediencia* se le presta escasa atención dentro del salterio, de la colección de los salmos, salvo por la queja que se percibe en este comentario divino: «Pero mi pueblo no me escuchó; Israel no quiso hacerme caso» (Salmo 81:11). Por supuesto, la gente también hoy se enfrenta con esta misma decisión: ¿Optaré por la obediencia o por la desobediencia, por la fe o por la incredulidad?

Gracias, Fred, por estimularnos a volver a pensar en estas grandes verdades bíblicas que nos permiten experimentar la presencia de Dios.

Tres preguntas para pensar

1. ¿Cuál es el tema de mis conversaciones con Dios?
2. ¿De qué modo influyen sobre mi vida la admiración reverente, la alabanza, la gratitud y la obediencia?
3. ¿Qué me enseñan el «Gran libro» y el «Pequeño libro»?

Una frase para recordar

Cuando siento una admiración reverente por Dios, percibo su realidad.

Una palabra de las Escrituras para atesorar en el corazón

Los cielos cuentan la gloria de Dios, el firmamento proclama la obra de sus manos. Un día comparte al otro la noticia, una noche a la otra se lo hace saber (Salmo 19:1-2).

22

FIDELIDAD EN LO ECONÓMICO

Las consideraciones de Fred

La verdad con respecto al dinero es conocida desde hace mucho tiempo. Aristóteles lo llamó «vano», infecundo, no porque no brindara beneficios, sino porque las emociones que despierta están entre las que él considera más bajas dentro de su escala de valores. Los sentimientos que el dinero hace surgir no se pueden comparar con otras emociones más nobles como el amor, el patriotismo y la religión. El hombre o mujer cuya principal energía emocional está dirigida hacia la obtención de dinero, no sabe nada de lo que es una vida emocional superior.

El dinero puede producir diversión, y aun alegría, pero no gozo, cuando solo se trata de obtener dinero por el dinero en sí mismo. No cuenta con la habilidad intrínseca de elevar el intelecto o el espíritu. De hecho, el amor al oro y las riquezas en muchos casos bloquea el amor por cualquier otra cosa más elevada y noble. ¡Cómo empalidece la lucha por adquirir riquezas cuando se la compara con la lucha por la libertad, con la búsqueda de la verdad, y con la batalla por establecer principios o por la realización de pasiones más nobles.

Sin embargo, el dinero constituye una de las mayores necesidades en la vida. Menospreciar el dinero *per se* demuestra ignorancia en cuanto a la vida y sus «reglas». Suelo decir que pienso sobre el dinero del mismo modo en que pienso con respecto a la sangre. Produzco sangre para vivir; no vivo para producir sangre. Lo mismo se da en cuanto al dinero.

Gano dinero para vivir, pero ciertamente no vivo para ganar dinero.

Desde mi perspectiva, el dinero siempre ha representado una *opción*. He sido pobre y luego alcancé una tranquilidad económica: prefiero la última. Pero tener dinero y amar el dinero son dos cosas distintas. Las opciones que el dinero pone a nuestro alcance son parte de la utilidad que presta. Sin él, las posibilidades de elección se ven limitadas; con él las posibilidades se abren ante nosotros. Lo interesante con respecto al dinero y las elecciones es que aun teniendo muchas opciones, eso no implica necesariamente que tengamos la capacidad de elegir bien. Por lo tanto, el manejo del dinero requiere disciplina, lo mismo que la toma de decisiones que el dinero hace posible.

Reflexión: Curtis Meadows
Autoridad en filantropía y fundamentos familiares
Ex presidente de la Meadows Foundation, Dallas, Texas

Cuando le hablo a algún grupo acerca del dinero, generalmente hago una serie de preguntas, con la esperanza de que perciban que el dinero es mucho más que las cifras que aparecen en un balance. Fred me ha llevado a pensar en muchas de esas preguntas. Aquí van algunas:

1. ¿Qué implican para ti algunas de las palabras o frases que describen el concepto de dinero y su acumulación: poder adquisitivo, capacidad, seguridad, libertad, control, posesiones? El humorista Vic Oliver cierta vez hizo esta observación: «Cuando un hombre corre tras el dinero, se dice que está loco por el dinero. Si lo guarda, que es un capitalista. Si lo gasta, que es un play boy. Si no logra obtenerlo, que es un bueno para nada.

Si no trata de obtenerlo, que le faltan ambiciones. Si lo obtiene sin trabajar, que es un parásito. Y si lo acumula a través de toda una vida de arduo trabajo, la gente dice que es un tonto que nunca supo disfrutar la vida».

2. ¿Cuáles son algunas de las ventajas de tener dinero?

3. ¿Y cuáles las desventajas?

4. ¿Le proporciona una vida mejor a nuestra familia?

5. ¿Le crea problemas a nuestra familia con otras personas? Theodore Roosevelt una vez dijo: «Probablemente el mayor daño que nos hayan ocasionado las grandes riquezas sea el daño que nos inflingimos nosotros mismos (aquellos que contamos con posibilidades económicas modestas) cuando permitimos que defectos como la envidia y el odio se adentren profundamente en nuestra naturaleza».

6. ¿Qué cosas buenas podemos hacer con el dinero?

7. ¿Qué cosas no tan buenas podemos hacer con el dinero?

Jesús hablo de la dificultad de reconciliar todo lo que proviene de las riquezas con poder llevar la vida a la que los cristianos fuimos llamados, tal como Jesús le planteó al joven rico cuando lo desafió a pagar un precio por seguirlo. Cuando usamos las riquezas para ayudar a otros más que invertirlas en nosotros mismos, ellas pueden convertirse en una fuerza poderosa que nos impulse hacia la búsqueda de significado. Cuando el dinero se usa para aislarnos y separarnos, tenemos dificultad en escuchar la voz de Jesús y los clamores de dolor que parten de un mundo pecador.

Tres preguntas para pensar
1. ¿Por qué el amor al dinero constituye la raíz de la corrupción?
2. ¿Cómo puedo estar seguro de que estoy ganando dinero para vivir y no viviendo para ganar dinero?
3. ¿Cuál sería la forma apropiada de usar el dinero para mí, para mi familia y para mi comunidad?

Una frase para recordar
El dinero puede producir diversión, y aun alegría, pero no gozo, cuando solo se trata de obtener dinero por el dinero en sí mismo.

Una palabra de las Escrituras para atesorar en el corazón
Quien ama el dinero, de dinero no se sacia. Quien ama las riquezas nunca tiene suficiente. ¡También esto es absurdo! (Eclesiastés 5:10).

23

CONSIDERAR NUESTROS VALORES

Las consideraciones de Fred
La vida simple es equilibrada. No necesariamente vacía de tensiones, pero esas tensiones están en equilibrio. La esposa de mi buen amigo John Bullock solía decir que siempre deseaba que él tuviera dos situaciones irritantes a la vez, porque en tanto que el sufrir una lo volvía loco, el pasar simultáneamente por dos lo llevaba a oscilar entre ellas y mantener su equilibrio. ¡Era una mujer sabia!

Si nuestros valores interiores centrales se manifestaran físicamente, podríamos percibir lo grotesco de su falta de equilibrio. Años atrás vi a un hombre que padecía elefantiasis. Resultaba difícil no notar la distorsión de sus rasgos. Y eso me llevó a pensar acerca del impacto que tendría sobre la gente el hecho de que pudiéramos mostrar externamente nuestro sistema de valores y otros pudieran ver una representación tangible de lo que somos internamente. ¿De qué forma se vería uno hombre entregado a la gula? ¿Cuán difícil sería para los demás pasar por alto esa deformación extrema? ¿Cómo se verían tus propios valores distorsionados?

Las grandes esculturas deben guardar un equilibrio. Los artistas expertos con solo ver la masa de piedra o de arcilla determinan en qué lugar está el centro de gravedad, el punto del que depende el equilibrio. Un error puede resultar en la destrucción de ese equilibrio y por lo tanto en un desastre artístico. El propósito se manifiesta a través de una vida equilibrada, del mismo modo en que el propósito del artista queda expuesto en la materia a través de un trabajo perfecto.

¿Recuerdan le célebre historia acerca de la estatua de David? Cuando se le preguntó a Miguel Ángel de qué modo había esculpido tan espléndida obra de arte a partir de una enorme pieza de mármol, él respondió: «Es muy simple. Solo recorté todo aquello que no le pertenecía a David». Una vida simple recorta todo lo que no es genuino para que se revele el propósito verdadero. Es hermosa porque está equilibrada.

Reflexión: Richard Allen Farmer

Músico, evangelista, maestro, escritor
y presidente de RAF Ministries

El equilibrio. Constituye una meta para todos nosotros. Nunca he conocido una persona que se haya establecido como meta: «Me gustaría ser alguien inestable».

Dean Kamen es un inventor que ensaya en la búsqueda de solución a los problemas. Él inventó la máquina de diálisis portátil, porque entendía que las personas que sufren de fallas renales no tienen por qué estar atadas a las instalaciones de tratamiento de un hospital. Inventó la primera bomba inyectora de drogas porque no pensaba que las enfermeras resultaran tan precisas en la administración de dosis estrictas, en tanto que una máquina podría llevarlo a cabo con exactitud. Kamen inventó la silla de ruedas iBOT porque el ver a una persona luchando por dar un giro en una curva ascendente le parecía ofensivo, sea como ingeniero o como ser humano, lo mismo que hablarle a esa persona mirándola hacia abajo. La silla de ruedas que él invento puede subir por una escalera y eleva su nivel de modo que la persona sentada en ella pueda mantener una conversación mirando a los ojos a los demás.

Mi invento favorito, entre los realizados por Kamen, es la Transportadora Humana Segway. Se trata de un aparato para trasladar personas que tiene equilibrio propio. A través de este invento, Kamen encaró el tema de la falta de equilibrio, de la que Fred Smith habla. ¿Quién de nosotros estaría interesado en caerse regularmente cuando no tiene la posibilidad de volver a ponerse de pie? Lo que hace que este aparato Segway funcione son los varios giroscopios que lo conforman, ya que ellos logran anular la tendencia de la máquina a caer.

Del mismo modo, tú y yo contamos con giroscopios internos que compensan nuestros desequilibrios. Sin esos giroscopios internos no podríamos estar de pie. Existe algo en nosotros que evita que caigamos. Biológicamente, tenemos instalado un sistema que nos lleva a mantenernos de pie en lugar de caer. Moralmente, tomamos decisiones que nos permiten mantenernos de pie en integridad y rectitud. Filosóficamente, abrazamos valores y verdades que prácticamente garantizan nuestra estabilidad.

Fred está en lo correcto: la vida simple es equilibrada. Las tensiones que nos sobrevienen simplemente por ser humanos, no son lo determinante. Tomémonos de Aquel que es poderoso para guardarnos sin caída.

Tres preguntas para pensar
1. ¿Puedo descubrir valores distorsionados en mi carácter?
2. ¿Cómo veo el tema del equilibrio y el balance?
3. ¿De qué manera puedo identificar mis giroscopios personales?

Una frase para recordar
Una vida simple recorta todo lo que no es genuino para que se revele el propósito verdadero. Es hermosa porque está equilibrada.

Una palabra de las Escrituras para atesorar en el corazón
¡Al único Dios, nuestro Salvador, que puede guardarlos para que no caigan, y establecerlos sin tacha y con gran alegría ante su gloriosa presencia, sea la gloria! (Judas 1:24).

24

SER USADOS POR DIOS

Las consideraciones de Fred

Conocí a Torrey Johnson cuando él era un joven y estaba iniciándose en Juventud para Cristo. En esa época, yo les pedía a ciertas personas que admiraba su fotografía y un autógrafo. Él me dio un retrato con esta dedicatoria: «A Fred, un hombre de Dios que está en el lugar en que Dios lo ha puesto». Jamás sentí que pudiera atribuirme semejante cosa. Y lo guardé en el cajón de mi escritorio. Siempre me sentía condenado por las pocas veces en que percibía que era en verdad un hombre de Dios en el lugar en el que Dios me había colocado.

En los momentos en los que notaba que Dios me estaba usando, me sentía extremadamente pequeño, pero sumamente seguro. Cuando me creía importante, me sentía inseguro, porque dependía de mis propias fuerzas.

Hace poco, cuando le hice a un amigo la acostumbrada pregunta: «¿Cómo van las cosas?», el me dio la mejor de las respuestas posibles. Dijo: «Fred, siento que Dios me usa cuando yo utilizo mi tiempo para llevar a cabo las cosas que él desea que se hagan. ¡Ni más ni menos!». ¡Qué maravillosa sensación nos produce el darnos cuenta de que Dios nos está usando, en lugar de intentar nosotros usar a Dios! Mientras nos mantengamos dentro de la dimensión espiritual correcta en nuestro liderazgo, la gente verá a Dios en nosotros.

Muchas personas quieren usar a Dios para acreditar sus propios valores. Eso incluye colocar en sus antecedentes biográficos su trabajo en la iglesia, de modo que la gente los considere sinceros y confiables. Colocan el pececito en sus tarjetas de negocios y en el vidrio trasero o en el parachoques de su automóvil, de modo que eso lleve a otros a pensar que ellos son más dignos de confianza que la mayoría. Desafortunadamente, podríamos confiar en que ellos usarán a Dios, ¿pero se puede confiar en que Dios los usará a ellos?

Mientras crecíamos, acostumbrábamos cantar una antigua canción evangélica en la que una de las líneas decía: «Estoy satisfecho con Jesús». Pero me parece que la cuestión es: «¿Está satisfecho Jesús conmigo?» Cuando Dios nos usa, él está satisfecho.

Reflexión: Greg Noland
Nieto de Fred Smith, padre, e hijo de Mary Helen
y Smith Noland. Recibió en el 2007 su título de PhD
en la Universidad Johns Hopkins

Como dice mi abuelo, sospecho que a todos nosotros nos atormenta en algún momento la cuestión de sentirnos insuficientes, inadecuados. Creo que Moisés hablaba por todos nosotros al decir: «¿Y quién soy yo...?» cuando Dios le hizo el primer llamado (ver Éxodo 3:11). Sin embargo, Dios llama a los grandes líderes con un propósito, y él tiene la intención de ver su voluntad cumplida a través de sus siervos.

¿Y cuál fue la respuesta de Dios a Moisés? ¿Se trató de una exhortación para levantarle la moral, asegurándole que él era el hombre ideal para ese trabajo? No. Dios simplemente le respondió: «Yo estaré contigo» (ver v. 12). No tenía que ver con Moisés. ¡Tenía que ver con Dios! Esa respuesta nos reafirma en cuanto a que lograremos el éxito no por lo que nosotros seamos o no, sino a causa de que él es quien es.

Esto nos proporciona el antídoto perfecto para combatir nuestros sentimientos de insuficiencia, y también nuestra inclinación hacia la presunción. En esos tiempos, no deberíamos concentrarnos en nosotros mismos, sino en recordar que la presencia de Dios está en nuestras vidas, presencia que nos asegura que estaremos siempre el en lugar elegido por Dios.

Tres preguntas para pensar

1. ¿Qué excusas he puesto ante el llamado de Dios?
2. ¿En qué formas me siento inadecuado para llevar a cabo la obra de Dios?
3. ¿Qué es lo que me impide ser usado en este momento?

Una frase para recordar

¡Qué maravillosa sensación nos produce el darnos cuenta de que Dios nos está usando, en lugar de intentar nosotros usar a Dios!

Una palabra de las Escrituras para atesorar en el corazón

Entonces oí la voz del Señor que decía: «¿A quién enviaré? ¿Quién irá por nosotros?» Y respondí: «Aquí estoy. ¡Envíame a mí! (Isaías 6:8).

EL DÍA DE RETRIBUCIÓN
POR NUESTRAS TRIBULACIONES

Las consideraciones de Fred

Hasta que obligadamente tuve que pasar varios meses acostado de espaldas, incapaz de moverme, no apreciaba la paciencia. Quizá era capaz de hablar acerca de «los tres puntos que ayudan a mantener una actitud paciente», pero no lo comprendía de forma experimental. Ahora entiendo que la verdadera paciencia reduce las ansiedades enfermizas sin disminuir el estrés saludable. La paciencia trae equilibrio a nuestra vida, y eso nos permite discernir entre lo importante y aquello que no lo es tanto. Nos lleva a ser tolerantes con los puntos de vista de otros. La paciencia promueve la meditación. Las Escrituras confirman la antigua creencia de los santos acerca de que la paciencia nos lleva a desarrollar carácter. «El sufrimiento produce perseverancia; la perseverancia, entereza de carácter; la entereza de carácter, esperanza»; esa es la forma en que Pablo lo expresó (Romanos 5:3-4). Aquí apreciamos que la esperanza está en la misma línea de bendición que la tribulación y la paciencia.

El hermano Lorenzo decía que él oraba para ser capaz de pasar por la tribulación de modo que se fortaleciera y pudiera soportar aun más tribulaciones. Él visualizaba los sufrimientos como el «gimnasio de Dios». Cuando alguien tiene una personalidad del tipo A, espera que todo suceda rápidamente. Sin embargo, las tribulaciones tienen su propio ritmo de marcha. He descubierto que la paciencia es el único antídoto para mis frustraciones, muchas de las cuales tienen su asiento en mi ego. He deseado hacer las cosas a mi manera. Hoy, mi inmovilidad y total dependencia de otros me han llevado a ver la paciencia como algo muy valioso que me ayuda a evitar la frustración.

La tribulación puede ser algo positivo o algo negativo. La elección debemos hacerla nosotros y del modo en que lo deseemos, será.

Como muchas de las cualidades que resultan más valiosas, la paciencia crece lentamente. Es como un roble, no como una planta de maíz. La paciencia está al alcance de todos los que estemos dispuestos a pagar el precio. No se trata de una cualidad hereditaria que traemos en los genes: viene como resultado de la tribulación y de nuestra respuesta disciplinada.

Transpirar en el gimnasio de Dios es un arduo trabajo, ¡pero es el Entrenador el que sabe!

Reflexión: Jack Turpin
Presidente de HallMark Energy, LLC
Cristiano laico

Un rasgo característico de nuestra cultura actual, generalmente aceptado, es tener el vivo deseo de una gratificación instantánea. El grado en que se percibe ese rasgo en nosotros constituye una clara indicación del desarrollo de nuestra paciencia.

La paciencia es una cualidad de carácter dada por Dios: una parte integral de la integridad.

La paciencia es un fruto del Espíritu. Cuando aceptamos a Jesucristo como nuestro Señor y Salvador, nuestro nuevo Ayudador, el Espíritu Santo, coloca en nosotros la semilla de la paciencia, pero nosotros debemos cultivarla. Debe ser nutrida y desarrollada. Citando al gran autor y educador norteamericano Noah Webster: «La paciencia puede brotar a partir de la sumisión cristiana a la divina voluntad».

Cada día le pido a Dios: «Por favor, dame paciencia para vivir con aquello que no puedo cambiar; por favor, dame el coraje para cambiar lo que puede ser cambiado; y, por favor, dame la sabiduría para distinguir entre ambos».

Al haber experimentado un sufrimiento extremo a causa de la muerte inesperada de mi esposa, descubrí que la dependencia y la paciencia me son absolutamente esenciales para poder llegar al final de cada día. Dependencia de nuestro Dios, de la familia y de los amigos. Y paciencia para darle tiempo al Señor a ayudarme en tanto permanezco esperando su voluntad.

El deseo de escuchar a otros y la capacidad para hacerlo, en especial a aquellos que amamos, constituye una indicación clara de que nuestra paciencia está en crecimiento.

No hay que confundir paciencia con indecisión o incapacidad en cuanto a tomar decisiones. Tampoco debería confundírsela con falta de interés o apatía.

La demostración más acabada de paciencia es la que se fundamenta bíblicamente cuando vivimos, a semejanza de Cristo, en una anticipación de la vida eterna que disfrutaremos con Jesucristo y aquellos que amamos. El familiarizarnos más, a través del estudio de la Biblia, con el cielo, la eternidad, los nuevos cielos y la nueva tierra crea en nosotros una fuerte motivación en cuanto a desarrollar este tipo de paciencia.

Tres preguntas para pensar

1. ¿Qué cosas me provocan frustración?
2. ¿Oro para adquirir paciencia, en el conocimiento de que las tribulaciones llegarán en algún momento?
3. ¿Qué circunstancias demandan de mí extrema paciencia en casa y en el trabajo?

Una frase para recordar

La verdadera paciencia reduce las ansiedades enfermizas sin disminuir el estrés saludable.

Una palabra de las Escrituras para atesorar en el corazón

Así que nos regocijamos... también en nuestros sufrimientos, porque sabemos que el sufrimiento produce perseverancia; la perseverancia, entereza de carácter; la entereza de carácter, esperanza (Romanos 5:2-3).

26

PARADOS FIRMES

Las consideraciones de Fred

Francamente, quedé sorprendido al descubrir en mis estudios que la lealtad es uno de los elementos clave en cuanto al amor. Siempre había pensado en la espontaneidad y en la extravagancia como características de él, pero ahora debo agregar la lealtad. Al recordar experiencias personales se me ha vuelto mucho más claro.

Por ejemplo, cuando estuve internado en el hospital, muy cerca de la muerte, al despertarme en cierto momento vi un cartel en la pared con solo cuatro iniciales: «YTCO». Mi nieta, Catherine, me recordaba una historia muy propia de nuestra familia al escribir ese cartel para mí. El comandante de la caballería confederada Jeb Stuart siempre concluía sus cartas al general Robert E. Lee con las palabras: «Yours to Count On» (YTCO), que en español sería «puede contar conmigo», o «suyo, para lo que precise». Esto se había convertido en un lema familiar. Cada vez que levantaba mis ojos desde la cama, podía ver esas letras y sabía que ella me estaba diciendo: «Abuelo, estamos contigo. Te amamos».

Soy un experto conocedor de los negocios de venta de donas. He realizado degustaciones por toda la nación. En Grand Saline, Texas, mientras visitaba uno de los mejores negocios de donas, una pareja de gente del campo se sentó en una mesa frente a la mía. Ella llevaba puesta ropa rústica de algodón y él un overol. Acabaron antes que yo, y él se levantó para pagar, pero ella permaneció sentada, lo que me llamó la atención.

Entonces él regresó, se inclinó y la levantó. Me di cuenta entonces que ella tenía un aparato ortopédico que le ceñía todo el cuerpo. Él la llevó hasta su camioneta mientras todos nosotros lo mirábamos por la ventana del frente del negocio. La mesera se quedó parada junto al mostrador y señaló. «Este hombre ha tomado sus votos en serio, ¿no le parece, señor?»

El amor de Dios se hace evidente a través de su lealtad hacia nosotros. «EL SEÑOR su Dios siempre los acompañará; nunca los dejará ni los abandonará» (Deuteronomio 31:6). Nuestros nombres están grabados en las palmas de su mano de forma permanente. Nada nos puede separar del amor de Dios (ver Romanos 8:38-39).

Reflexión: Fred Smith
Hijo de Fred Smith, padre
Presidente de The Gathering

Cuando pienso en lo que papá me ha enseñado en cuanto a la lealtad, recuerdo una experiencia en particular. Varios años atrás, mi esposa Carol y yo pasamos un tiempo en San Francisco y nos tomamos un día para realizar una excursión al bosque John Muir. Tuvimos la suerte de elegir una mañana en la que había poca gente allí, sin compañía ni ruidos. Si has estado alguna vez en un bosque de secoyas, ya sabes lo que es entrar a Notre Dame o a cualquiera de las otras grandes iglesias europeas. La gente se muestra reverente y respetuosa en cuanto a estos gigantes de otras eras. ¡Todos miran hacia arriba instintivamente! La conciencia de estar en presencia de las especies vivas más antiguas de la tierra resulta algo sobrecogedor. Estos ejemplares, bellos y antiquísimos, han permanecido vivos por unos 2000 años, alcanzando más de 75 metros de altura, y un diámetro de aproximadamente 18 metros.

Como no sabía nada de ellos, me deslicé en medio de un grupo turístico justo a tiempo para escuchar al guía describir el increíble sistema de raíces de las secoyas de Muir. Escuché que estos árboles no crecen como los pinos o los robles con un sistema de raíces independientes. Por el contrario, aunque las raíces son relativamente poco profundas están completamente interconectadas con las de los otros ejemplares. Los árboles mismos son retoños de un árbol padre y crecen alrededor de él formando un círculo completo. A ese círculo se lo llama una «catedral». Una de las claves de la supervivencia de estos árboles es su habilidad para sostenerse los unos a los otros a través de esas raíces fusionadas. Ningún viento conocido puede derribarlos. Prácticamente ninguna enfermedad los puede matar. Soportan el fuego. Están entretejidos de un modo inextricable, y unidos para formar la familia viva más extensa de que se tengan registros.

Esta será siempre mi imagen de lo que es la lealtad. No se trata simplemente de prestar apoyo desde cierta distancia. Tampoco de un noble sentimiento. Tiene que ver con la conciencia de que estamos unidos para toda la vida y entretejidos a través de nuestras raíces, lo que nos mantiene de pie a través de todo lo que venga.

Tres preguntas para pensar
1. ¿De qué manera puedo constatar que soy leal en mi manera de amar?
2. Para mí, ¿qué es lo que define la lealtad?
3. ¿En qué percibo la lealtad amorosa de Dios en mi vida?

Una frase para recordar
El amor de Dios se hace evidente a través de su lealtad hacia nosotros.

Una palabra de las Escrituras para atesorar en el corazón

Pues estoy convencido de que ni la muerte ni la vida, ni los ánge-les ni los demonios, ni lo presente ni lo por venir, ni los poderes, ni lo alto ni lo profundo, ni cosa alguna en toda la creación podrá apartarnos del amor que Dios nos ha manifestado en Cristo Jesús nuestro Señor (Romanos 8:38-39).

ENTRAR A LA SALA DEL TRONO

Las consideraciones de Fred

La oración es a la vez maravillosa y misteriosa. ¡Qué maravilloso es que un pecador salvado por gracia pueda en cualquier momento tener comunión con el Todopoderoso, Creador del cielo y de la tierra! Cuando me despierto de noche y enfrento la tentación de sentirme frustrado, resulta muy reconfortante poder hablar con el Señor sobre eso.

No se trata de una experiencia que me suceda a mí solo. Uno de los psiquiatras que ayudó a seleccionar a los primeros astronautas me contó una vez sobre la forma en que los probaban en total aislamiento para ver cuánto podían soportar. Me dijo que algunos podían continuar indefinidamente, y cuando analizaron esos casos, descubrieron que eran aquellos capaces de orar. Si solo pudiéramos darnos cuenta de lo que significa tener la oportunidad de comunicarnos de un modo directo con el Señor, lo haríamos con más frecuencia.

He descubierto que el poder expresarle mi gratitud a Dios me produce una gran satisfacción. Para mi sorpresa, encuentro que eso aumenta mi autoestima. Es mucho mejor vivir con una persona agradecida que con una quejosa.

Y la naturaleza de la oración intercesora es misteriosa. ¿Cómo puede ser que mi pedido aumente el amor de Dios por otros? Sin embargo, las Escrituras nos instruyen acerca de que debemos orar unos por otros, y si soy realista, me sentiría frustrado de no poder orar por otros cuando no hay nada más que pueda hacer por ellos. Con frecuencia la gente me dice:

«Por lo menos, puedo orar por usted». Me gustaría recordarles que orar es lo *máximo* que pueden hacer por mí.

Además, nunca he tenido la impresión de que la cantidad de gente que ore por un asunto constituya un punto vital. No pienso que Dios sea un político sobre el que ejerzan influencia las cifras. No creo que Dios se deje impresionar más por las oraciones de los cristianos célebres que por las de aquellas almas devotas que están atravesando dificultades y privaciones en la vida. Prefiero que alguna viuda de esas que tienen una línea directa con Dios ore por mí y no algún cristiano famoso de la televisión.

Cuando decimos «Estoy orando por ti», nos incluimos en la comunidad de aquel al que estamos encomendando a Dios. Unimos nuestras manos alrededor del trono para entrar en su maravillosa y a la vez misteriosa presencia.

Reflexión: Seth C. Macon
Vicepresidente primero a cargo de marketing (retirado)
en Jefferson Standard Life Insurance Company

Creo que los pensamientos de Fred con respecto a la oración dan justo en el blanco. Luego de más de cincuenta años de estar asociado a Fred, he aprendido a escuchar cuidadosamente lo que él dice. También yo me despierto por las noches y siento la necesidad de encomendarme al Señor en oración. La oración no tiene que ver solo con pedirle a Dios algo que deseo (aunque sea el bienestar de un amigo o de alguien al que amo) sino también con poner mi vida, mis pensamientos, deseos y acciones a tono con la voluntad de Dios.

Tenemos que amar a nuestro Dios con todo nuestro corazón y nuestra mente, y amar a nuestro prójimo como a nosotros mismos. La oración es un medio que nos ayuda a cumplir ese mandato. La oración constituye una manera de expresarle nuestro amor a Dios y también una manera de expresar nuestro amor por otros.

Con el nuevo desarrollo técnico de las comunicaciones y el transporte, nos resulta bastante fácil aceptar la idea de que nuestro mundo se está volviendo más pequeño y de que «nuestro prójimo» en realidad son las personas de todo el mundo. Debemos orar por los líderes de todo el mundo y por la gente en necesidad dondequiera que esté. Así que hemos de ponernos en acción.

Sí, Fred, estoy de acuerdo acerca de que la oración es maravillosa y a la vez misteriosa. No siempre comprendo la manera en que funciona, pero se trata de lo más grande que podemos hacer por nosotros mismos y por aquellos que amamos. Debemos continuar orando por cada uno de los demás.

Tres preguntas para pensar

1. ¿De qué modo defino la oración?
2. ¿Por quiénes estoy intercediendo en este tiempo?
3. ¿Qué personas y asuntos forman parte de mi lista de oración?

Una frase para recordar

Cuando decimos «Estoy orando por ti», nos incluimos en la comunidad de aquel al que estamos encomendando a Dios.

Una palabra de las Escrituras para atesorar en el corazón

Siempre damos gracias a Dios por todos ustedes cuando los mencionamos en nuestras oraciones (1 Tesalonicenses 1:2).

28

PRINCIPIOS FUNDAMENTALES CON RESPECTO A LAS PERSONAS

Las consideraciones de Fred

He aquí tres cosas muy simples que he aprendido con respecto a la gente.

En primer lugar, he descubierto que es una pérdida de tiempo el intentar corregir los errores de otras personas. Debería usar mi tiempo para ayudar a los demás a utilizar sus puntos fuertes y procurar reforzar sus puntos débiles. Una cantidad de programas de entrenamiento que conozco se enfocan en superar los puntos débiles: ¡qué perdida de tiempo!

En segundo lugar, he aprendido que no podemos cambiar a los demás. Cada persona tiene que cambiar por sí misma; no podemos hacerlo por ellos. Podemos imponerles una presión, o estar a su lado para alentarlos, pero no podemos llevar a cabo acciones en lugar de otro. Hasta podríamos crearles un sentimiento de temor que los llevara a introducir cambios temporales, pero no se trataría de algo permanente. Dedicamos una cantidad espantosa de nuestro tiempo a procurar que ciertas situaciones temporales se mantengan en su sitio, pensando que hemos cambiado a la persona, pero al final encontramos que se trató solo de una solución a corto plazo.

En tercer lugar, he descubierto que las personas son como son porque quieren ser así. No siempre he pensado de ese modo. De hecho, cuando recién me iniciaba en la vida, deseaba ser un trabajador social, pero luego me desilusioné completamente de la gente. Ahora estoy convencido de que cada uno de nosotros es de la manera en que es porque así lo desea. Podemos racionalizar las cosas y dar toda clase de explicaciones para afirmar que esto no es así; pero el balance final indica que *elegimos lo que queremos ser*.

Cuando tenemos la oportunidad de cambiar y no lo hacemos, estamos decidiendo seguir siendo del modo en que somos. Y, por supuesto, cuando crecemos a través de los desafíos personales que enfrentamos, nos vamos convirtiendo en lo que queremos ser. La gente que desea cambiar lo planifica. Con mucha frecuencia, la falta de planes constituye en realidad una forma fácil de racionalizar la indisposición a realizar cambios.

Reflexión: Randy Samelson

Presidente de Contrarian Investors, LLC
Presidente de Counsel & Capital

Antes de llamar a Fred, aunque solo sea para decirle «¿Qué tal, cómo estás?», me aseguro de tener papel y lápiz a mano. Luego de analizar las consideraciones de Fred, las resumí de la siguiente manera: «La gente no cambia. Por lo tanto, una actitud sabia requiere capitalizar sus puntos fuertes y reforzar los débiles». Entonces apliqué este principio suyo a tres áreas de mi vida.

Como inversor, he hecho de este principio un componente central de mi filosofía. Reconozco que los mercados se mueven por la acción colectiva de un gran número de personas. Ocasionalmente, las emociones asumen el control y los precios suben o bajan. Los expertos se apresuran a explicar las razones por las que eso apunta hacia una «nueva era», o por qué las cosas son «diferentes esta vez». A los inversores que creen que la gente no cambia, les diré que esas palabras me recuerdan que debo ignorar a los expertos e invertir según lo considere conveniente.

Como gerente, encuentro difícil aplicar en forma constante las consideraciones que hace Fred. El autoproclamado «*solucionador de problemas profesional*» que hay en mí, desea reaccionar tratando de arreglar a las personas para poder solucionar sus problemas. Sin embargo, no puedo recordar haber alcanzado ni un solo éxito en esta área. La única cuestión que queda por resolver es: ¿Cuándo reconoceré mi error y dejaré de cometerlo? (Resulta interesante que al conducir mis propios asuntos, cada vez restrinjo más mis actividades a uno o dos puntos fuertes; todo lo demás lo delego o queda en espera de que alguien con la habilidad requerida pueda hacerse cargo.)

Como padre, aplico el principio imperfectamente, en el mejor de los casos. Les ayudo a mis hijos a identificar sus puntos fuertes y las cosas que los apasionan y luego busco maneras de apuntalarlos. Sin embargo, mi personalidad, marcada por esa característica de ser un solucionador de problemas profesional, está al acecho en la antecámara, siempre dispuesta a modificarlos.

El quid de la cuestión es este: si no es por la intervención de Dios, la gente no cambia. La gente puede mejorar, pero en general, esto ocurre sólo mientras el poder del sufrimiento aplasta la acción activa de los hábitos. Sin embargo, los hábitos son extraordinariamente poderosos. Pregúntale al alcohólico o al drogadicto, o a mí. Por lo tanto, minimizar mis propios sufrimientos y servir a los demás, ayudándolos a utilizar lo que son sus puntos fuertes y reforzando sus puntos débiles, es el camino de la sabiduría.

Tres preguntas para pensar

1. ¿De qué maneras elijo mantenerme sin cambios en la vida?
2. ¿Cuál es la mejor elección que he realizado en los últimos seis meses?
3. ¿Quién es mi mentor o el que me capacita?

Una frase para recordar

Con mucha frecuencia, la falta de planes constituye en realidad una forma fácil de racionalizar la indisposición a realizar cambios.

Una palabra de las Escrituras para atesorar en el corazón

Por eso, anímense y edifíquense unos a otros, tal como lo vienen haciendo (1 Tesalonicenses 5:11).

LA SANGRE DE LA VIDA

Las consideraciones de Fred

A veces guardamos ciertas historias para nosotros mismos porque son demasiado personales. A veces la profunda satisfacción que nos producen hace que las debamos mantener en privado. Esta es una historia de mis tempranas épocas que nunca he contado antes, simplemente porque se trataba de una experiencia personal muy satisfactoria. No necesitaba darle difusión.

Cuando era joven y estaba en el negocio de seguros de vida, en cierta ocasión fui al estudio de un abogado. Él trabajaba allí junto con su hija. Mientras hablaba con ellos, noté que ambos estaban muy alterados, y enseguida me preguntaron cuál era mi tipo de sangre. Aunque se trataba de una pregunta muy extraña, me di cuenta de que ellos esperaban ansiosamente mi respuesta. Cuando les respondí, el hombre me dijo: «Es justo la que necesitamos». Y luego agregó: «Mi hermano está muriendo en el Hospital St. Thomas y necesita sangre de inmediato. ¿Le daría un poco de la suya?» Me sentí feliz de poder servirles.

Subimos al automóvil y partimos. Sin hacer nada más que quitarme la chaqueta, me acosté en una camilla junto al hombre, y se realizó la transfusión directa de mí a él, porque su necesidad era así de urgente. Él vivió y se mostró muy agradecido y en un momento hasta mencionó que estaría encantado de recompensarme económicamente. Pero percibió que su gratitud era suficiente en lo que hacía a mí, y que pagarme con dinero hubiera sido inapropiado. Nunca volví a verlo, pero la experiencia me produjo una total satisfacción.

Cuando nuestras almas necesitaban de una donación para salvarse, Cristo derramó su sangre. Cuando nuestras almas se perdían, Cristo proveyó una forma a través de la que pudiéramos recibir vida eterna. Jesús nos dio algo que no podíamos comprar, sino solo recibir por la fe, a saber, su gracia. «¿Quieres ser libre de la carga del pecado? ¡Hay poder en la sangre!»

Reflexión: Peter McNally
Gerente administrativo de CMO Partners

Qué poderosa metáfora nos provee Dios en esta historia: Fred estaba más que dispuesto a parar lo que estaba haciendo ese día para dar su sangre sin recibir nada material a cambio, y eso lo hizo sentir plenamente satisfecho. Había un hombre próximo a morir. La necesidad resultaba urgente. No se realizó ninguno de los preparativos acostumbrados. *Recuéstese en la camilla y lo vamos a conectar con él*, fue toda la instrucción. Y él le transmitió el don esencial para que siguiera habiendo vida humana: su sangre.

Como seguidores de Cristo, todos hemos sido bendecidos con una transfusión completa, una transfusión espiritual. Y en lo que a mí respecta, el día comienza con un tiempo de quietud, leyendo la Palabra, orando a con las Escrituras y reflexionando acerca del derecho que él tiene sobre mi vida, debido a que él vertió su sangre por mí. Y esta disciplina personal de comenzar el día con las Escrituras y en oración es (en sí misma) muy parecida a recibir una transfusión. Pero, por supuesto, se trata de una transfusión espiritual. Desde que escuché esta historia, cada mañana, en mi tiempo de quietud me viene la imagen mental de estar conectado a mi Señor y Salvador por una cuerda.

Aunque se trata de una imagen mental, está muy arraigada en la realidad de que el Hijo de Dios derramó su sangre por mí.

He descubierto que esta práctica, en apariencias simple, de comenzar cada día con un tiempo de quietud, hace una tremenda diferencia en la manera en que Dios puede usarnos para su gloria. Tal vez en alguna ocasión podamos necesitar sangre para nuestro cuerpo. Pero cada día precisamos una transfusión espiritual. Y resulta tan urgente y necesaria como recibir sangre físicamente para que Dios pueda usarnos.

Así que, cada mañana, enróllate la manga e invita al Señor a que se recueste junto a ti para que aceptes el don de su amor, de su sangre. Es un asunto de vida o muerte.

Tres preguntas para pensar

1. ¿Qué significa «la sangre de Cristo» para mí?
2. ¿A quién he beneficiado con una transfusión espiritual?
3. ¿Dónde estoy poniendo a funcionar el poder de la sangre: en mi casa, en la iglesia, en mi lugar de trabajo?

Una frase para recordar

Cuando nuestras almas necesitaban de una donación para salvarse, Cristo derramó su sangre.

Una palabra de las Escrituras para atesorar en el corazón

Pero si vivimos en la luz, así como él está en la luz, tenemos comunión unos con otros, y la sangre de su Hijo Jesucristo nos limpia de todo pecado (1 Juan 1:7).

TOMAR BUENAS DECISIONES

Las consideraciones de Fred

Nuestra vida conforma una red de decisiones. Algunas pocas resultan vitales, pero muchas otras son menos importantes. Por ejemplo, la elección del cónyuge y la decisión de tener hijos son dos de las decisiones más trascendentes que podemos tomar. Comprar un nuevo traje es menos importante (a menos que estés dando un paso en falso hacia la alta costura). Un mesera impertinente cierta vez me dijo: «¡Veo que se ha vestido usted mismo esta mañana!»

La toma de decisiones es tanto un arte como una ciencia. Hay individuos que intuitivamente toman buenas decisiones, porque ven los problemas y las posibilidades con que cuentan. Kettering, el genio de los automóviles, dijo: «El secreto de tomar buenas decisiones está en conocer todas las opciones». Una vez que conocemos las opciones, resulta bastante simple elegir la mejor.

Antes de aceptar una sugerencia de alguien, Robert McNamara, el presidente de Ford Motor Company, le preguntaba a esa persona: «¿Qué otras posibilidades descartó al elegir esta?» Muchas veces ese individuo debía reconocer que la que estaba presentando era la primera opción que había considerado. McNamara entonces insistía en que pensara en otras opciones.

Para poder escoger buenas opciones, primero tenemos que saber cuál es el objetivo de esa decisión: qué es lo que intenta resolver, sea con respecto a un problema o a una posibilidad.

Lo primero que yo intento es determinar la realidad presente, a través de establecer cuáles son los hechos ciertos; no lo que me gustaría que fueran, sino lo que son. Luego pienso en las ramificaciones que produciría cada opción. Lo siguiente que considero es la forma en que se puede implementar y reafirmar cada opción, dado que una solución que no se puede llevar a cabo resulta impráctica. En los negocios he visto algunas políticas que resultaron imposibles de ejecutar, lo que hizo que la gestión resultara débil. Una buena decisión ha de ser estructuralmente sólida y debe poder ejecutarse de un modo eficaz.

Llegar a convertirse en alguien capaz de tomar buenas decisiones resulta una experiencia gratificante.

Reflexión: John Gillespie
Director ejecutivo de Roaring Lambs

Los historiadores nos dicen que el general Robert E. Lee continuamente les preguntaba a sus subordinados: «¿Qué oportunidades tenemos por delante?» Les hizo esa pregunta incluso el día de su rendición en Appomattox.

El ser capaz de echar una mirada realista a las oportunidades que tiene por delante y a las posibles ramificaciones que se producirán ayuda al líder a tomar buenas decisiones. Sí, es verdad, Robert E. Lee perdió la Guerra Civil, pero tomó muchas grandes decisiones estratégicas, incluyendo la de rendirse. ¿Pero qué es lo que esto tiene que ver con la capacidad de tomar buenas decisiones en el año 2008?

Probablemente uno de los mejores ejemplos en cuanto a la toma de decisiones fue el que apreciamos el domingo 5 de febrero de 2006, cuando aproximadamente 134 millones de personas sintonizaron el Super Bowl XL. Los patrocinadores de las grandes compañías invirtieron la friolera de 2,5 millones de dólares en cada aviso de treinta segundos, con tal de tener la oportunidad de influir sobre nuestras decisiones de consumo. ¿Compraríamos la pizza, los tacos, la cerveza, las salchichas o los automóviles de su marca? Estos patrocinadores de las grandes empresas creyeron sí. Ellos habían considerado todas las posibilidades y determinado que colocar publicidad en el Super Bowl constituía una buena decisión.

Las agencias de publicidad fueron contratadas para usar su habilidad y crear avisos publicitarios sólidos que produjeran los resultados deseados por los patrocinadores de las grandes empresas: *Un aumento en las ventas*. Se movilizaron equipos bien entrenados para hacerse cargo del aumento en las ventas. Solo el tiempo mostraría si la inversión de esos fondos económicos y el plan de ejecución habían sido una buena decisión. Sí, por supuesto, ¡todos estábamos mirando!

Me entusiasma imaginar lo que harían Robert E. Lee y Robert McNamara si fueran líderes de empresas en 2008. ¿Considerarían como una buena decisión publicitar en el Super Bowl? No lo sé. Pero creo que si ellos dos fueran ejecutivos de Ford Motor Company, probablemente todos hoy estaríamos conduciendo automóviles Ford.

Tres preguntas para pensar

1. ¿Qué oportunidades tengo delante de mí en este momento?
2. ¿Cómo puedo determinar cuáles son mis opciones?
3. ¿A quién considero alguien capaz de tomar muy buenas decisiones?

Una frase para recordar
Nuestra vida conforma una red de decisiones.

Una palabra de las Escrituras para atesorar en el corazón
Elijan ustedes mismos a quiénes van a servir ... Por mi parte, mi familia y yo serviremos al SEÑOR (Josué 24:15).

EL LECTOR SABIO

Las consideraciones de Fred

En un libro que leí recientemente, el autor decía que algunas personas al llegar a la edad de treinta y cinco o cuarenta años alcanzan el tope de sus logros personales y nunca superan ese nivel. Señala que durante los años jóvenes de la vida, el solo estar vivo lo lleva a uno adelante, pero luego esa energía comienza a declinar, a disminuir. A menos que contemos con el impulso espiritual que nos haga avanzar, las fuerzas física se acaban y allí se fija el tope. Ese impulso que no parte de lo físico y nos lleva adelante constituye la gran motivación.

Para mí, una de las fuentes de motivación es la lectura. No podemos mantener el paso sin leer. Permíteme preguntarte: ¿qué es lo que estás leyendo? ¿Lees con objetividad, por tu cuenta? Te preguntas: «¿Qué es lo que necesito leer para mejorar?» Hasta que no lo hagas, te estarás perdiendo lo mejor de la lectura.

Por supuesto, es imposible leerlo todo. Descubrí hace mucho tiempo que tanto mis dones como mis intereses particulares se enfocan en estas tres áreas: teología, filosofía y psicología. Soy un lector ecléctico, o sea que tengo gustos variados, y me intrigan diferentes cuestiones. Pero, dado que soy lento para leer, concentro mis lecturas en estas tres áreas. Tenemos que tomar decisiones claras con respecto a lo que leemos y el por qué lo hacemos.

Yo uso anteojos y probablemente tú también. Es posible que los míos cuesten lo mismo que los tuyos. ¿Cambiarías tus lentes por los míos solo porque yo te lo pidiera?

¡Por supuesto que no! Sería tonto, porque tus anteojos se adaptan a ti y los míos a mí.

Con las obras que podemos leer sucede lo mismo. ¿Estás leyendo lo que lee tu jefe, o lees lo que mejor se adapta a ti? ¿Estás leyendo un libro solo porque alguien te lo envió? ¿O tal vez lo haces porque está incluido en la lista de los best-sellers? No usarías los anteojos de otra persona, así que no permitas que otros seleccionen los libros que lees. Necesitas comprender cuál es el propósito que te lleva a leer y disciplinarte cuidadosamente en cuanto a tus elecciones.

Y recuérdalo: los líderes son lectores.

Reflexión: Joy Lynn Hailey Reed
Directora del Centro de Excelencia en el Aprendizaje
y Enseñanza de la Universidad de Texas en Dallas

Durante más de dos años he tomado nota de los libros que Fred citaba los sábados por la mañana en aquellas conversaciones de casa abierta. Tengo una amplia bibliografía. Estoy de acuerdo con él con respecto a que los líderes deben leer.

Los líderes tienen que hablar con la gente sobre la que influyen, y también con diferentes tipos de personas fuera del su círculo como líder. El leer le brinda la oportunidad de comprender la diversidad de puntos de vista, opiniones y experiencias que otras personas pueden tener.

El leer implica una especie de conversación. Aunque el escritor no escucha lo que nosotros tenemos que decir en respuesta a sus palabras, sin embargo nosotros le hablamos mentalmente mientras vamos leyendo. A su vez, el escritor imagina a su audiencia y lleva adelante una conversación con el lector.

Cuando algunas personas semejantes a nosotros nos recomiendan libros, asumimos que, dado que tenemos intereses en común, disfrutaremos de ese libro. Leer los best-sellers puede ayudarnos cuando se trata de conocer aquello que está socialmente en boga, pero no nos lleva a profundizar interiormente.

El punto que quiero señalar es que los lectores necesitan seleccionar distintos tipos de libros:

- Libros que amplían la mente

- Libros escritos por autores cuyo espíritu es afín al de ellos

- Libros escritos por personas muy diferentes a ellos

- Libros que puedan inspirarlos

- Y finalmente, libros que los entretengan.

Los buenos líderes aprenden a partir de una fuente diversa tanto de personas como de experiencias. Los buenos líderes *deberían* hojear escritos de personas de distintos trasfondos, experiencias y cosmovisiones. Hojear por encima no implica invertir el tiempo que requiere toda una lectura, y nos permite evitar la miopía ideológica que proviene de leer solo lo que refuerza nuestra propia perspectiva. De hecho, los buenos líderes deberían leer amplia y largamente para poder comprender cuál es su lugar en el mundo y luego conducir con mayor claridad.

Tres preguntas para pensar

1. ¿Qué tres libros han ejercido mayor influencia en mi pensamiento?
2. ¿Qué libros estoy releyendo?
3. ¿Cómo comenzaría una conversación con mi autor favorito?

Una frase para recordar
Los líderes son lectores.

Una palabra de las Escrituras para atesorar en el corazón
Se abrieron unos libros, y luego otro, que es el libro de la vida.
(Apocalipsis 20:12).

32

LAS COINCIDENCIAS DE LA PROVIDENCIA

Las consideraciones de Fred

Recibí un llamado de parte de alguien que organizaba un retiro para hombres que yo había dirigido durante varios años en la Costa Oeste. Mis condiciones físicas me impedían asistir en persona, así que ellos deseaban establecer una comunicación telefónica que me permitiera decir algunas palabras y mantenerme conectado con el grupo. (A través de los años, los miembros de este grupo en particular y yo nos habíamos vuelto muy cercanos). Pero, a causa de que el retiro era en las montañas, tenían dificultades técnicas para establecer una comunicación. Aunque tenían a uno de los profesionales de sonido más destacados trabajando en el asunto, no consiguieron acceder a las líneas telefónicas del centro de retiros. Sin contar con una línea no se pudo lograr que el sistema telefónico funcionara para realizar la llamada.

En el preciso momento en que el técnico decía que resultaba imposible establecer la conexión, entraron por la puerta un hombre y su hijo. Ese hombre trabajaba para la empresa telefónica y estaba allí para asistir a la conferencia. Por «casualidad» había venido en el camión de la telefónica y contaba con todas las herramientas y equipo necesarios para realizar el trabajo. Aún tenía las espuelas que precisaba para acceder al poste.

El paso siguiente consistía en hablar con la vecina para pedirle que aceptara que se produjera una interrupción de la señal televisiva durante la reparación. Muy amablemente, ella hizo pasar al hombre y a su hijo, les sirvió limonada, ¡y hasta los abrazó cuando se fueron! Misión cumplida. Cuando me llamaron, se escuchaba con total claridad de las dos puntas. Tantas cosas sucedieron esa noche contra toda probabilidad, que solo pudimos reconocerle todo el mérito al Señor.

Muchas veces suceden cosas en nuestra vida que van «más allá de las matemáticas». Los números no dan. Los incrédulos las llaman coincidencias, pero a nosotros nos da alegría visualizarlas como evidencias de la presencia activa de Dios en nuestra vida cotidiana.

Reflexión: Evelyn Hinds
Actriz e intérprete dramática que personifica a Corrie ten Boom

Fred nos explicó este término «más allá de las matemáticas» un sábado a la mañana a todos los que estábamos sentados alrededor de su cama (durante nuestra sesión semanal de «Fred en la cama»). Me conecté inmediatamente con lo que decía y percibí su respeto reverente por los tiempos de Dios.

Cierta mañana, el teólogo Ramesh Richard se unió al grupo. Había oído hablar a Fred acerca de él. Ese día el grupo era numeroso y, al finalizar la charla de Fred, yo decidí abrirme paso a través de la muchedumbre para conocer al Dr. Richard. Quería agradecerle por sus escritos que tanto me habían bendecido.

Me presenté a él mencionando que mi ministerio consistía en representar a Corrie ten Boom en el escenario. Sabía que él era de la India y que tenía el propósito de predicar a Cristo en los países más pobres del mundo. Él me sorprendió al decirme que Corrie había estado de visita en su casa en la India, en 1961, cuando era apenas un niño.

Cuando le dije que tenía que viajar a Nueva Delhi pocos días después para encontrarme con mi marido, inmediatamente me hizo un ofrecimiento: «Yo solía ser pastor en Nueva Delhi, y tengo un amigo que es pastor allí ahora. A la gente le encantaría ver tu representación». Ese mismo día, el Dr. Richard hizo los arreglos por correo electrónico para que presentara mi «Corrie ten Boom en vivo» en el viaje a la India.

A pesar de que la India es un país con un muy bajo porcentaje de. cristianos, la congregación de la Delhi Bible Fellowship contaba con 300 miembros. Mi marido ya estaba hospedado en un hotel que quedaba a menos de dos millas de esa iglesia. Para aumentar más mi asombro reverente con respecto a los tiempos de Dios, la fecha de mi actuación coincidió con mi cumpleaños número cincuenta y cinco. ¡Consideré las matemáticas de Dios en esa circunstancia como un inesperado regalo de cumpleaños!

Tres preguntas para pensar

1. ¿Qué considero yo como una coincidencia debida a la obra de Dios?
2. ¿Está Dios «conectando los tiempos» en mi vida cotidiana?
3. ¿De qué modo puedo enseñarle a mi familia a estar atenta al obrar de la mano de Dios en nuestra vida?

Una frase para recordar

Muchas veces suceden cosas en nuestra vida que van «más allá de las matemáticas».

Una palabra de las Escrituras para atesorar en el corazón

«Para los hombres es imposible», aclaró Jesús, mirándolos fijamente, «mas para Dios todo es posible» (Mateo 19:26).

33

LIDERAR A TRAVES DEL EJEMPLO

Las consideraciones de Fred

Aquellos que constituyen un modelo al representar su rol personifican lo que nosotros quisiéramos llegar a ser. Mi esposa Mary Alice, en sus años jóvenes, encontró en su camino tres mujeres que le señalaron la ruta que ella elegiría recorrer luego. La primera fue una maestra de la escuela secundaria, la señorita Brown. Era majestuosa y digna, una dama total. Lo que Mary Alice vio representado en ella fue el modo de ser que debía mostrar una dama sureña. La segunda fue su maestra de Biblia, la señora Keane, que le enseñaba a un grupo de madres jóvenes a interpretar las Escrituras. Su copa rebosaba de amor y gracia del Señor hacia esas jóvenes mujeres. Mary Alice solía decir: «Ella es precisamente lo que una cristiana debería ser».

Y en tercer lugar estaba la señorita Gordon, una mujer menuda, inmaculadamente arreglada, que frisaba los ochenta. Se había criado en la abundancia, pero había dedicado una gran parte de su tiempo a alcanzar para Cristo a gente que estaba en prisión. En algunas ocasiones la llevábamos a la iglesia; en otras, la visitábamos. Según las palabras de Gert Behanna, nosotros «nos sentábamos y calentábamos nuestras manos en el fuego de su amor». La señorita Gordon personificaba el silencioso poder de la victoria. Cuando murió, eso implicó apenas un corto paso de aquí al cielo... Muy parecido al fallecimiento de la misma Mary Alice.

Mary Alice encontró en estas tres mujeres un modelo en cuanto al desempeño de su rol, y ellas establecieron el patrón para su vida como adulta. No influyeron sobre ella por lo que tenían sino por lo que eran, del mismo modo en que Mary Alice influyó sobre otros a través de su propia vida.

La *observación* y la *identificación* con el otro son los elementos más importantes que permiten ser mentores en el desempeño de los roles. Con frecuencia los que son ejemplo en cuanto a los roles no tienen conciencia del efecto que producen sobre los demás. A veces hay poco contacto personal con ellos. Con frecuencia el modelo es un personaje de la Biblia o una figura pública. A menudo tomamos a hombres y mujeres históricos como nuestro ejemplo.

Los modelos en cuanto al desempeño de los roles constituyen una encarnación visual de nuestra metas personales, y de nuestro rumbo. En ellos nos vemos a nosotros mismos al determinar los patrones por los que viviremos.

Reflexión: Henry Horrell
Hombre de negocios y amigo de toda la vida de Fred Smith, padre

Mi esposa y yo hemos experimentado la bendición que significó el ejemplo de Fred y Mary Alice. Este poema mío me recuerda a Fred:

> **Ver a Dios**
> He visto a Dios manifestarse
> en un buen amigo mío.
> El espíritu que mostraba era de puro amor.
> Este amigo es muy amoroso.
>
> He visto una flor sacudir su cabeza
> a causa de la brisa que pasaba por allí.
> Su belleza y fragancia hablaban de Dios
> a aquellos que pasaban cerca.

Se acercó un perrito moviendo la cola.
Sus ojos estaban llenos de amor.
Otra vez pude ver al Dios que busco,
Que está aquí y no simplemente allí arriba.

Jesús les dijo a sus seguidores
que si querían ver a Dios,
apreciaran las hermosas cosas que él había hecho.
Debían ver a Dios en él.

Ahora yo veo a Dios en muchas cosas.
Porque es simple percibir el amor.
Pero tengo un problema:
¿Ven otros a Dios en mí?

Tres preguntas para pensar

1. ¿A quién considero como mi modelo en el desempeño de algún rol?
2. ¿Quién me tiene en la mira, esperando que yo le dé claves para su vida?
3. ¿Qué patrón de vida me ayudará a lograr mis metas?

Una frase para recordar

Aquellos que constituyen un modelo al representar su rol personifican lo que nosotros quisiéramos llegar a ser.

Una palabra de las Escrituras para atesorar en el corazón

Tú, en cambio, predica lo que va de acuerdo con la sana doctrina (Tito 2:1).

34

LA ÚLTIMA PALABRA

Las consideraciones de Fred

Cuando tenía 28 años, me senté en un cementerio a pensar acerca de lo que quería que mi familia colocara en mi lápida. «Ayudó a que otros se extendieran» fue la frase que vino a mi mente; y eso no ha cambiado en los siguientes 63 años.

Poco tiempo atrás, mi hijo Fred me preguntó: «Si solo pudieras dar una charla más, ¿sobre qué tema hablarías?» Pregunta intrigante, ¿no les parece? Al enfrentarnos con la realidad de que somos mortales, pensamos con mayor seriedad con respecto al impacto de nuestro discurso y de nuestro ejemplo. Tomamos conciencia de que el tiempo con el que contamos para influir sobre otros es limitado. Del mismo modo en que Fred me preguntó, yo comencé a preguntarles a otras personas. Y descubrí que era una pregunta que valía la pena hacer.

Entonces enfrenté el desafío de describir el proceso de responder a esa pregunta. «No todo el mundo ha pensado sobre estas cuestiones tanto como tú, Fred. Así que dame alguna ayuda para procesar mi propia respuesta», es lo que percibía. Por eso incluyo aquí algunas de las preguntas que consideré al formular mi propia respuesta.

1. ¿Qué hecho puntual siento que ha afectado mi vida más que otros?

2. ¿Qué pensamiento final transmitiría a mis hijos y nietos?

3. ¿Qué afirmación es la que me conmueve más profundamente?

4. ¿Qué cosa podría decir que afectara más que ninguna otra a los que me escuchen?

Sea el último discurso que hagamos, la última canción que cantemos, o el último libro que escribamos, la diferencia está en tener el conocimiento de que esa será nuestra expresión final. Al definirla, descubrimos mucho acerca de la persona que somos y de cuál es nuestro propósito en la vida.

(En caso de que se lo estuvieran preguntando, mi último discurso sería sobre «La verdadera naturaleza del hombre». ¿Es el hombre básicamente bueno con una tendencia a pecar, o es básicamente pecaminoso, con la posibilidad de volverse al bien? La forma en que se responde esta pregunta ejerce su influencia sobre todas las relaciones humanas y sobre el comercio.)

Reflexión: Haddon Robinson
Cátedra Harold Ockinga de predicadores distinguidos en el
Seminario Gordon-Conwell, South Hamilton, Massachusetts
Escritor y personalidad radial

La mayoría de las personas que leen el diario por la mañana pasan completamente por alto la sección más provocativa de todas: los obituarios. Requiere de imaginación leerlos bien. Hay que leer entre líneas y hacerse preguntas. La mayor parte de la columna está dedicada a información trillada como quién era el que murió, cuál es la casa funeraria encargada del entierro, el tiempo que durará el velatorio, la hora y el lugar del servicio en conmemoración del fallecido. El espacio que queda se usa para resumir toda una vida.

Esther Devett tenía un marido y tres hijos que «la sobrevivieron». El que escribió el obituario enfocó su atención en el hecho de que Esther encabezó durante veintitrés años el club de bridge de su ciudad, y en la cuestión de que bajo su liderazgo este se extendió a veintitrés mesas». Eso no parece valioso como resumen de vida.

Henry Murlock murió a los noventa y tres años. Su esposa Emily lo precedió, al morir veintidós años antes. No se menciona otra familia, y pareciera ser que Henry sobrevivió a sus amigos. Obviamente, no tuvo un gran funeral. Yo esperaba que el obituario dijera: «En lugar de hacer donaciones de caridad, se solicita que se envíen flores».

Laura Bracalli murió a los sesenta y nueve años. Estuvo casada con el mismo hombre por casi cincuenta años. Tuvieron cuatro hijos, siete nietos y dos bisnietos. En su obituario se señalaba: «Laura amaba a todas las personas que conoció, y todos la amaron». Imagino que su funeral fue importante y que su familia sufrió al verla partir.

En una noticia del obituario del periódico de un pequeño pueblo de Kansas, se leía esta observación: «Lloyd nació de nuevo a los treinta y siete años». La gente de Kansas sabía que eso era importante. Evidentemente, Lloyd nunca volvió a ser el mismo después de eso.

Jesús informó sobre el obituario de un granjero que tuvo mucho éxito en la agricultura. El granjero había expandido sus operaciones construyendo un gran número de graneros para almacenar todas sus cosechas. Estaba esperando el tiempo de su jubilación, del que podría sacar buen provecho, y pensaba disfrutar, pero esa misma noche un repentino ataque al corazón acabó con sus planes, pues murió. Jesús lo llamó necio. Si ese granjero hubiera logrado jugar al golf por cuatro años más, ¿crees que Jesús hubiera cambiado su veredicto? Pensar demasiado acerca de la muerte resulta morboso. No pensar para nada en ella es estúpido. En alguna ocasión cercana, tómate una hora o dos y utiliza las preguntas de Fred para escribir tu propio obituario. Cuando mueras ¿qué característica principal quisieras que se destacara con respecto a tu vida? ¿Estás poniendo en orden tu vida hoy para hacer que eso suceda?

Tres preguntas para pensar

1. ¿Cuál podría ser mi último mensaje?
2. ¿De qué modo animo a otros a considerar esta importante cuestión?
3. ¿Qué y quiénes realmente han marcado una diferencia en mi vida?

Una frase para recordar

Sea el último discurso que hagamos, la última canción que cantemos, o el último libro que escribamos, la diferencia está en tener el conocimiento de que esa será nuestra expresión final.

Una palabra de las Escrituras para atesorar en el corazón

He peleado la buena batalla, he terminado la carrera, me he mantenido en la fe (2 Timoteo 4:7).

35

TIEMPO LIBRE CON SIGNIFICADO

Las consideraciones de Fred

Muchas veces es nuestro tiempo de ocio el que determina que seamos mediocres o exitosos. Un cristiano debería usar su tiempo libre de un modo constructivo, para edificación, y no abusar de él. La jarana del fin de semana queda excluida. Las diversiones sanas y el trabajo como voluntarios son lo debido, lo positivo.

El tiempo de esparcimiento nos permite espacios para leer, estudiar, viajar y ministrar. Debemos *invertir* en nuestro tiempo libre y no *malgastarlo*. Quiero que mi esparcimiento me pague buenos dividendos, como cualquier otra inversión. Un buen hobby nos proporciona descanso y distracción, le da un toque de sabor a la vida. La recreación debería convertirse en re-creación. Nuestros placeres deberían restaurarnos las energías y producirnos recuerdos gratos.

Para muchos, la recreación es lo opuesto a eso. Como en el caso de la enfermera que se sentó junto a mí en un viaje de Miami a Chicago. Le pregunté si estaba yendo a trabajar o volviendo a casa. Me dijo que regresaba de un largo fin de semana de fiestas en las islas. Sus ojos se veían como las luces rojas del semáforo. ¡Tenía que regresar al trabajo para poder recuperarse de su tiempo de esparcimiento! Ciertamente, eso no constituye el modelo cristiano. Ella había pagado una suma importante por su tiempo de recreación sin tener la esperanza de recibir algún dividendo a cambio.

Mi amigo Jed Thompson utiliza sus días de vacaciones para trabajar en un barco en el río Amazonas, llevando con él dentistas y técnicos que donan su tiempo, junto con suministros médicos y odontológicos. Recorren el área ministrando a la gente de la localidad: primero en cuanto a sus necesidades de salud, y luego en lo que tiene que ver con sus carencias espirituales. Otra familia participa de sus vacaciones de verano yendo a las áreas más pobres del mundo para servir a Cristo. Esta gente, lo mismo que aquellos que toman parte en la edificación de la iglesia y en movimientos como *Hábitat para la Humanidad*, entienden la verdadera naturaleza del tiempo libre.

El servicio a los demás constituye un placer desconocido para los egoístas. En su oración, William Barclay pide lograr placer en su tiempo de esparcimiento. Esto solo se consigue a través de darse uno mismo a algo mayor que su propia persona.

Reflexión: Donna Skell
Directora de relaciones públicas de la American Tract Society
Oradora y líder en el ministerio entre las mujeres

Las Escrituras nos hablan de pedirle a Dios que nos enseñe a contar bien nuestros días para que nuestro corazón adquiera sabiduría (ver Salmo 90:12). Para volvernos sabios, debemos emplear nuestro tiempo correctamente. Sea que nuestro tiempo libre dure varios días, varias horas, o apenas unos pocos minutos, siempre hay una mejor manera de utilizar ese tiempo. Yo creo que cuando le pregunto a Dios cuál es la mejor manera de usar ese tiempo, él me conduce en la dirección correcta.

Con frecuencia, para mí, tiene que ver con descansar en cuerpo y mente: no exigirme cosas, despejar la mente, cerrar los ojos, alejarme de la gente, y recargarme o recuperarme físicamente. Otras veces es sentarme frente al televisor, aunque no podría decirles siquiera los programas que dan. A veces ese refresco personal proviene de una fuente diferente: salir a dar un paseo o realizar alguna actividad física que me energice y libere endorfinas. Siempre empleo ese tiempo en la presencia del Señor, escuchando música de alabanza y admirando la belleza que Dios ha creado.

Muchas veces siento la fuerte necesidad de dar parte de mi tiempo a alguna otra persona. A veces soy llamada a alentar, prestar un oído atento o ponerme a tono con alguien. En otras ocasiones, a enviar una nota manuscrita. El programar tiempos de recreación dedicados a los amigos constituye un aspecto importante en la construcción de relaciones. Cuando uno tiene muchos amigos, sabe el tiempo que el compromiso con ellos requiere.

Considero los momentos de esparcimiento como algo maleable, un tiempo que se nos da para mostrarnos flexibles ante el toque suave de Dios. Creo que el tiempo es un don de Dios que él espera que le devolvamos para poder entregarlo a otros y también para ser usado en nuestro propio mejoramiento. Pienso que es nuestra tarea buscar la voluntad de Dios para esos momentos, de modo que podamos extraerles el mayor bien y realizar aquellas cosas que nos permiten llevar una vida agradable delante de los ojos de nuestro Dios.

Tres preguntas para pensar
1. ¿De qué manera empleo mi tiempo de esparcimiento?
2. ¿Cómo percibo que Dios se complace de mi tiempo libre?
3. ¿Qué es lo que me permite re-crearme?

Una frase para recordar
Un cristiano debería usar su tiempo libre de un modo constructivo, para edificación, y no abusar de él.

Una palabra de las Escrituras para atesorar en el corazón
Al llegar el séptimo día, Dios descansó porque había terminado la obra que había emprendido (Génesis 2:2).

36

CONTROL DEL EGO

Las consideraciones de Fred

Recuerdo una situación embarazosa que se produjo una noche en una reunión de negocios con un grupo de ejecutivos del más alto nivel. Un hombre, que se consideraba a sí mismo como una autoridad en el tema del petróleo internacional porque lo leía en los periódicos, hablaba en voz alta acerca de la situación energética y su fácil resolución. Sin saberlo él, otro hombre presente en la sala acababa de regresar luego de presidir una conferencia internacional que había reunido a las principales petroleras. Luego de que el primer individuo acabó de hacer su perorata (solo para probar su ignorancia), el segundo, calma y eficazmente, lo dejó expuesto como el necio que era.

De inmediato me dije: *¡espero que nunca me suceda eso a mí!* Salí de esa reunión decidido a asegurarme que al hablar siempre recordara que alguien de la audiencia podría saber más del tema que yo. El recuerdo de esa reunión de negocios ha permanecido en mi mente y atemperado muchos comentarios que estuve tentado a hacer.

Por el otro lado, a veces los oradores se sienten demasiado impresionados con respecto a las personas que conforman la audiencia. Una noche en que estaba en la iglesia escuchando a un predicador, noté que un muy conocido rector de la universidad entraba en el templo. Resultó claro que el predicador también lo había visto entrar, porque cambió su estilo sobre el momento. Se percibía que estaba predicando exclusivamente para aquel individuo. Pasó de predicar a realizar una presentación intelectual, intentando impresionar por sus conocimientos. Pareció olvidarse del resto de la audiencia.

Estar impresionados con respecto a nosotros mismos o por la celebridad de otros bloquea el poder de la buena comunicación. En nuestro trabajo y en nuestros discursos, siempre deberíamos recordar que Dios nos escucha y que él constituye nuestra principal audiencia.

Nunca alejo de mi pensamiento la idea de que Dios está presente, y si no lo está, deberíamos acabar pronto.

Reflexión: Max Hulse
Corredor de bolsa retirado, líder laico, filántropo y artista

¿Quién de nosotros ha tenido la fortuna de poder evitar estas dos experiencias humillantes? ¿No podríamos decir que aquel que ha sido tan sabio como para evitarlo (o tan afortunado) tire la primera piedra?

La manifestación del ego constituye un rasgo humano que tanto puede ser una virtud como un vicio. Una persona egocéntrica se esfuerza por impresionar a otros por su propia inteligencia, educación o logros, y por lo tanto puede parecer tosca e insoportable.

En contraste con eso, la persona que tiene un ego saludable resulta una compañía placentera. Un individuo así no siente una compulsión a impresionar a los que lo escuchan, no monopoliza la conversación y en general es capaz de escuchar. Esa persona probablemente tenga un buen sentido del humor. Transmita calma y seguridad, que se derivan de saber quién es. Más aún, la persona que tiene un ego sano reconoce sus puntos fuertes y sus puntos débiles, y no muestra una necesidad compulsiva a enfatizar ninguno de ellos. En mi opinión, eso es verdadera humildad.

La sabiduría es un don de Dios que está disponible para todo el que la pida. Pedir requiere de esa humildad que reconoce que Dios es Dios, en lugar de pensar que uno mismo es Dios. Por lo tanto, mi argumento es que la sabiduría y la humildad están muy relacionadas entre sí, y que si una persona muestra una de estas cualidades, probablemente tenga una buena medida de la otra también.

Hay un viejo axioma, probado y verdadero: *¡Sé tú mismo!* Es posible que no tengas la mejor apariencia, que no seas la persona más inteligente o carismática, pero tu sinceridad, integridad y humildad compensarán los defectos y te protegerán de pasar por experiencias humillantes.

Tres preguntas para pensar
1. ¿Cómo puedo sazonar con gracia mi manera de hablar?
2. ¿Qué necesito para conocerme realmente a mí mismo?
3. ¿Escucho todo lo bien que debería?

Una frase para recordar
En nuestro trabajo y en nuestros discursos, siempre deberíamos recordar que Dios nos escucha y que él constituye nuestra principal audiencia.

Una palabra de las Escrituras para atesorar en el corazón
El temor del Señor es corrección y sabiduría; la humildad precede a la honra (Proverbios 15:33).

RESPONDER AL LLAMADO

Las consideraciones de Fred

Existe una diferencia entre un mandato y un llamado. El llamado es personal, está dirigido a un individuo. Un mandato es colectivo. En tanto que el llamado constituye la razón para el servicio de un individuo, el mandato tiene que ver con la razón de ser de una organización.

Un líder precisa tener un sentido de llamado para servir eficientemente. El evangelista carcelario Bill Glass, cuando entrena a los consejeros para trabajar en la cárcel, enfatiza lo siguiente: «Te has ofrecido como voluntario para ser consejero, pero en realidad has dedicado tu vida a personificar a Cristo en esta prisión». Entonces enumera una lista interminable de experiencias a las que un voluntario puede considerar ofensivas, pero señala que el que es verdaderamente dedicado las dejará pasar.

El llamado puede variar. Una persona puede sentir un llamado a servir en otra organización o en un diferente tipo de servicio. Creo que a veces el llamado conduce a algunos a salir del ministerio. Hace poco hablé con un pastor en Iowa cuyo principal ministerio era la enseñanza de la Biblia. Le pregunté cómo le iba, y él admitió que estaba insatisfecho. También lo estaba su gente. Le pregunté: «¿Qué es lo que más amas realmente?»

«Ganar gente para Cristo», fue su respuesta.

«En la organización saturada de santos en la que estás», le dije, «no hay nadie al que ganar. Y cada vez que te pones de pie para enseñar, no ves una sola alma que necesite salvación. Por naturaleza eres un evangelista. ¿Has considerado dejar el ministerio y volver a tu trabajo de venta de automóviles donde constantemente estabas en contacto con gente perdida?»

«Allí era donde me sentía más feliz».

Él había permitido que las presiones de la iglesia se mezclaran con su propio ego y había acabado ejerciendo el pastorado. Cuando volví a considerar el asunto con él, resultó que había vuelto al trabajo de las ventas, y se sentía feliz y eficiente en cuanto a su esfuerzo evangelístico.

Su llamado a ganar gente no encajaba dentro de la organización en la que había estado sirviendo. Ahora su llamado y su pasión estaban en armonía.

Reflexión: Mary Helen Noland
Hija de Fred Smith, padre
Directora de admisiones de Trinity Christian Academy, Addison, Texas

Yo estoy de acuerdo con lo que papá dice acerca de que «un líder necesita tener un sentido de llamado para servir eficazmente». Sin embargo, hay un jueguito triste y peligroso que algunos practican dentro de la comunidad cristiana. Se lo realiza en los más altos niveles de la iglesia, y tiene que ver con todo este concepto del llamado de Dios.

Mi marido y yo servimos durante una buena cantidad de años como consejeros en los retiros de Marble, un escondite aislado situado en las montañas de Colorado. Nos encontrábamos con matrimonios que servían en la obra pastoral y venían para recibir terapia intensiva cuando se hallaban al borde de una crisis personal o ministerial, o cuando ya la estaban atravesando. Al escuchar sus historias con respecto al llamado al ministerio, con frecuencia descubríamos que no había sido el llamado de Dios, sino el llamado de su propia culpa. Algunos sentían que estaban cargando con expectativas erróneas generadas en los sueños de otros. Desafortunadamente, dentro de muchas denominaciones, el cumplimiento «del llamado» se produce solo a través de ministerios a los que las personas son ordenadas. Un joven pastor comentó enojado: «Estoy cansado de que Dios me llame a recaudar dinero. Cada vez que él me llama, yo acabo pagando».

Hay una enorme diferencia entre sentirse reclutado por Dios y ser atraído por él. Creo que primero somos llamados a acercarnos a Dios para ser perdonados y restaurados, y luego, y solo entonces, podemos escuchar la voz interior que nos convoca a trabajar en una vida con sentido. En *The Hungering Dark* [La hambrienta oscuridad], Frederick Buechner dice:

> El mundo está lleno de personas que parecen haber escuchado la voz equivocada y están comprometidas ahora en un trabajo que hace que no encuentren placer ni propósito en su vida, y corren el riesgo de descubrir de pronto, un buen día, que han empleado los únicos años que han de tener en este mundo haciendo algo que no podría importarles menos ni a ellos ni a ninguna otra persona. Tu llamado es el lugar en el que convergen tu más profundo placer y la mayor hambre del mundo.[1]

Tengo la secreta sospecha de que cuando descubra ese profundo placer del que habla Buechner, no voy a sentirme reclutada sino atraída. Y parafraseando a papá, sabré que mi llamado y mi pasión están en armonía.

Tres preguntas para pensar

1. ¿En qué lugar me siento atraído y no reclutado?
2. ¿Qué áreas de mi vida necesitan armonizar?
3. ¿Cómo puedo ayudar a otros a descubrir su llamado?

Una frase para recordar

Existe una diferencia entre un mandato y un llamado. El llamado es personal, está dirigido a un individuo. Un mandato es colectivo.

Una palabra de las Escrituras para atesorar en el corazón

Entonces el SEÑOR se le acercó y lo llamó de nuevo: «¡Samuel! ¡Samuel!» «Habla, que tu siervo escucha», respondió Samuel (1 Samuel 3:10).

Nota
1. Frederick Buechner, *The Hungering Dark* [La hambrienta oscuridad], Harper-SanFrancisco, San Francisco, 1969.

38

VOLAR CON LAS ÁGUILAS

Las consideraciones de Fred

Creo que somos responsables de nuestro propio desarrollo personal. Solo cada uno de nosotros sabe en qué quiere convertirse. Solo cada uno conoce verdaderamente sus puntos fuertes y sus puntos débiles, cuál es su pasión y cuál su talento. Y solo cada uno sabe cuál es el precio que está dispuesto a pagar por convertirse en aquello que desea. El desarrollo personal se sustenta en cuatro patas.

La primera es contar con un mentor. Cuando era joven escuché esta expresión: «Las aves del mismo plumaje forman una sola bandada». Supe entonces que quería asociarme con individuos que fueran mis mentores y constituyeran un ejemplo en el rol que representaban. Así que muy temprano en mi carrera comercial elegí seis cualidades que quería que se desarrollaran en mi vida y les pedí a aquellos individuos que las personificaban que me dieran una fotografía autografiada. Les puse marco a esas fotografías, así como a *Head of Christ at 33* [La cabeza de Cristo a los treinta y tres años] y a un espejo. Luego los colgué en la pared formando un círculo, con la cabeza de Cristo encima de todo, el espejo en la parte más baja, y lo demás alrededor. Podía observar las fotografías y mi propio reflejo en el espejo y definir si estaba creciendo en aquellas cualidades mencionadas. Este fue el primer paso de mi programa de desarrollo.

Leer es la segunda pata de mi programa. Hago solo las lecturas que me he prescripto; del mismo modo en que no todo

el mundo ha recibido la misma prescripción para sus anteojos, no a todo el mundo le sirve leer las mismas cosas. Yo
no leo novelas. Me concentro en ciertos autores que pueden
proporcionarme lo que necesito, tales como Chambers,
Fénelon, Drucker y Laubach. También leo capítulos sueltos
de libros que enfocan los temas que constituyen mi principal lectura: filosofía, teología, psicología y asuntos referidos
a ser mentor. Estas son áreas con las que tengo una natural
afinidad.

La tercera pata de la tarima de mi desarrollo es escribir.
Hasta que comencé a trabajar para Maxey Jarman, presidente de Genesco, yo era una persona de expresión absolutamente verbal. Cierta vez le estaba contando a él acerca de una
situación que había sucedido en la planta y él me dijo:
«Escríbelo». Cuando señalé que no era capaz de escribirlo,
me respondió: «La razón por la que no puedes escribirlo es
porque no conoces el tema. Se puede escribir acerca de cualquier cosa que uno sepa». Tiempo después me encontré con
esta cita de Sir Francis Bacon: «El escribir vuelve a un hombre exacto». Aprendí a escribir para quemar la hojarasca que
había alrededor de mi pensamiento.

La última pata de mi plan de desarrollo es viajar. Abre la
ancha ventana de la experiencia y amplía los puntos de vista.

El desarrollo personal es justamente esto: el esfuerzo personal más una etiqueta que señala el costo personal; pero sin
él todo resultaría muy pobre.

Reflexión: Charlie «Tremendous» Jones
Autor de Life Is Tremendous [La vida es tremenda]

«Las aves del mismo plumaje forman una sola bandada». Esta
es una gran verdad, y hay otra que la acompaña: «Cuando el
alumno está listo, aparece el maestro». En mi juventud yo no

era lector y todo mi interés se centraba en mí mismo. Pero cuando cumplí veintidos años un amigo me presentó la Biblia y al Señor Jesucristo. Fui arrestado, condenado y perdonado en ese día, y todo mi mundo cambió.

El primer domingo en que asistí a la escuela dominical como cristiano, me invitaron a enseñar a una clase de muchachitos de ocho años. Yo era totalmente ignorante de cualquier cosa espiritual, con excepción de Juan 3:16 y Juan 5:24. Así que el superintendente me dio dos libros: *What the Bible Is All About* [De qué se trata la Biblia], de Henrietta Mears y *Teaching the Truth* [Enseñar la verdad], de Donald Grey Barnhouse. Debido a que yo estaba dispuesto a aprender y deseoso de hacerlo, Dios me envió dos tremendos maestros a través de esos libros.

Ese fue el comienzo de una aventura que se ha ido volviendo cada vez más interesante y significativa por más de 56 años. Mi vida ha sido bendecida por las vidas de muchos grandes hombres, pero ninguna experiencia personal se ha comparado con el poderoso milagro de un libro. Un libro al que puedes sostener en tus manos, abrazar, sentir, oler, subrayar, memorizar, comprender y hasta acariciar. Muchos de los grandes hombres que le dieron forma a mi vida ya habían muerto hacía muchos años cuando me enseñaron como Chambers, Fénelon, Spurgeon, Tozer y Nee.

El consejo de Maxey, al decir «escríbelo», también fue acertado. Descubrí años atrás que no necesito tener confianza en mí mismo; lo que necesito es adquirir preparación. Muchas veces me he visto forzado a escribir, y lo he agradecido, porque escribir me obliga a pensar y repensar mis ideas.

Viajar es educativo y estoy contento de haber visitado tantos estados, provincias y países. Pero debo siempre dirigir la atención hacia los libros. Con imaginación y buenos libros uno puede apreciar el mundo.

Gracias, Fred, por mostrarnos que somos lo que leemos.

Tres preguntas para pensar

1. ¿Qué tipo de programa de desarrollo estoy usando?
2. ¿De qué manera utilizo la lectura para lograr un desarrollo?
3. ¿Qué autores me han ayudado mucho en mi desarrollo?

Una frase para recordar

Solo cada uno sabe cuál es el precio que está dispuesto a pagar por convertirse en aquello que desea.

Una palabra de las Escrituras para atesorar en el corazón

Ellos leían con claridad el libro de la ley de Dios y lo interpretaban de modo que se comprendiera su lectura. (Nehemías 8:8).

39

CÓMO MANTENER EN LÍNEA LAS TENSIONES

Las consideraciones de Fred

Los líderes que alcanzan el éxito han aprendido a apreciar las tensiones. Estoy convencido de que el estrés positivo es algo maravilloso. ¿De qué otro modo encontraríamos las energías para asumir nuestras responsabilidades? Los botánicos nos enseñan acerca de la importancia de la turgencia, esa llenura natural de los conductos de las plantas producida por la tensión de los líquidos que corren por su interior. La falta de una tensión adecuada hace que las plantas decaigan, se marchiten. Nosotros no somos diferentes. Sin un grado saludable de estrés y tensión, nos marchitamos.

Ciertamente, necesitamos controlar el estrés, pero no eliminarlo. Una de las mejores maneras de controlarlo es aprendiendo a apreciarlo, en lugar de temerlo. Si no sufriéramos tensiones, no tendríamos la ambición suficiente como para alcanzar logros.

Solíamos tener un joven que, cuando se le preguntaba: «¿Cuánto hace que estás trabajando para la empresa?», él respondía: «¡Desde que el patrón amenazó con echarme!» Ese joven no tenía la mirada de lince ni el fuego interior que necesitan tener los verdaderos líderes. Los hombres y mujeres que alcanzan el éxito llevan un paso enérgico y un ritmo intenso.

A veces escucho a algunas mujeres quejarse con respecto a lo cansados que están sus maridos por la noche. Creo que eso es parte del costo de ser líderes. ¡Uno no puede tener la placidez de una mula y ganar los premios que logra un caballo de carrera!

Un psiquiatra amigo mío fue enviado a Guadalcanal luego de las sangrientas batallas con los japoneses en 1942 para hablar tanto con los héroes como con los que habían mostrado cobardía, para descubrir por qué cada uno de ellos había reaccionado del modo en que lo hizo. Mi amigo me dijo que ambos fueron motivados por el mismo tremendo temor, pero los héroes corrieron hacia adelante, en tanto que los cobardes corrieron hacia atrás.

Lo mismo ocurre en los negocios. O enfrentamos los problemas y desafíos que se nos presentan, o nos retraemos y escondemos en un caparazón de inercia. Podemos elegir concentrarnos en los obstáculos o en las oportunidades.

Reflexión: Jim Beckett
Presidente de Beckett Interests

¿Será una coincidencia que Fred me pida que reaccione a sus pensamientos sobre las tensiones y el estrés? ¿A mí, que reviví milagrosamente después un ataque al corazón prematuro y casi fatal hace diez años? No, se trata solo de otro ejemplo de lo «provocativo» que es Fred; de su misteriosa habilidad para estimular a sus amigos y a aquellos de los que es mentor a una acción positiva llevándolos a pensar, buscar y cuestionarse profundamente qué es lo mejor que Dios tiene para sus vidas, evocando a Hebreos 10:24-25.

La forma en que yo lo veo es la siguiente: el estrés y las tensiones estallan cuando necesitamos tomar una decisión difícil. Las estadísticas, que constituyen mi trasfondo educativo, han sido definidas como la «ciencia de saber tomar decisiones cuando enfrentamos incertidumbres».

Más que correr hacia adelante o hacia atrás, considero el

tener que tomar decisiones como encontrarse ante una bifur-
cación del camino en la que se puede elegir tomar la autopista o la carretera; o aguardar en esa intersección hasta obtener
más datos. (Dicho de un modo más heroico, tal vez implique
pelear, huir, o congelarme.) Tomar la autopista con frecuencia incluye un costo significativo a corto plazo (o no nos
resultaría difícil tomar la decisión), pero realmente es la
única posibilidad de reducir un estrés tóxico y debilitador en
el largo plazo. En mi vida se vuelve evidente porque duermo
mal cuando elijo la carretera, o sea el falso confort que se
deriva de prolongar demasiado, y de un modo inapropiado,
mi estilo analítico de enfrentar las cosas, lo que puede exacer-
bar aun más las tensiones y el estrés.

He descubierto que sea que enfrente una decisión difícil
de negocios o una decisión personal (y debo decir que las
personales pueden resultar mucho más difíciles aún) el contar con mentores en los que confiar y el relacionarme con
personas a las que tengo que dar cuenta de mis actos me
ayuda muchísimo. Generalmente podemos ver las cuestiones de los demás con mayor claridad que las propias, y también visualizar soluciones que reducen el estrés. Gracias,
Fred, por ser la quintaesencia del mentor.

Tres preguntas para pensar
1. ¿Aprecio el estrés en mi vida o lo temo? ¿Por qué?
2. ¿Qué proceso desarrolla mi pensamiento cuando tomo
   una decisión importante?
3. ¿Hay alguna cosa en ese proceso que necesito cambiar
   para lograr una manera más sana de tomar decisiones?

Una frase para recordar
*O enfrentamos los problemas y desafíos que se nos presentan, o
nos retraemos y escondemos en un caparazón de inercia.*

Una palabra de las Escrituras para atesorar en el corazón
Manténganse alerta; permanezcan firmes en la fe; sean valientes y fuertes (1 Corintios 16:13).

40

LA INTEGRIDAD EN EL LIDERAZGO

Las consideraciones de Fred

Al pensar con respecto al liderazgo espiritual, estoy convencido de que la clave es que el Espíritu Santo vigorice y dirija la singularidad y los dones del líder dándole una visión que le inspire pasión. Jamás he visto un líder perezoso o confundido que tuviera verdadera pasión por lo que hacía. Oat Willie de Austin, Texas, llamaba a marchar adelante con estas palabras: «Vamos adelante a través de la niebla». Funciona para los personajes de los dibujos animados, pero fracasa miserablemente como mantra del liderazgo.

Durante años he escrito artículos dirigidos a los líderes cristianos. He hablado ante grupos grandes y pequeños. Me doy cuenta de que es difícil ser un líder cristiano en una sociedad secularizada cuyo renovado interés en la espiritualidad no es precisamente bíblico. Los líderes cristianos han perdido mucho del respeto del que una vez disfrutaron. Llegar al agotamiento es algo común. La depresión se ha vuelto casi epidémica. El estrés está aumentando. La inmoralidad y el divorcio han crecido en proporciones notables. El ocuparse de algo por un corto plazo es la norma, y no la excepción. Los predicadores enfrentan cada vez más la demanda de entretener y entusiasmar.

¿Podría ser que en gran parte este problema sea que los líderes han perdido una identificación vital con el Señor? ¿No se habrán convencido de que trabajan para la iglesia y no para Dios? ¿Someten su autoridad espiritual ante el consejo directivo de la iglesia?

Algunos están descolocados dentro del liderazgo cristiano. ¿Recuerdas a aquel granjero que al leer en el cielo las letras «GP», inmediatamente dejó el campo y se enfocó hacia el púlpito? Luego de fracasar como pastor, vino una voz de arriba que le dijo: ¡«Granjero Brown, «GP» significaba *go plow* (*ve a arar*, en español) y no *go preach* (en español, *ve a predicar*)!» Los líderes que no han sido dotados con dones por el Espíritu Santo fácilmente se vuelven víctimas de las metodologías humanas y se abren a la tentación de alcanzar poder, prestigio y dinero. Los líderes cristianos deberían recordar siempre que el suyo es un llamado y no una carrera. Lo que tiene que ver con mayordomía y no con posesión. Enfocarse en el servicio produce gozo.

Reflexión: Jay Kesler

Presidente emérito de la Universidad Taylor, Upland, Indiana

En un análisis *final*, y me refiero a un análisis final, el líder debe decidir de qué fuente desea oír las palabras: «¡Hiciste bien, siervo bueno y fiel!» Entre el día de hoy y el del juicio, hay muchos cantos de sirena que tratan de seducir a los líderes cristianos para que alteren su curso original de marcha orientado hacia Jesús. Voces que claman para que negocie, aceptando recompensas menores como poder, dinero, aplauso o, en el ámbito en el que yo me muevo desde hace 20 años, el reconocimiento académico (la casi irresistible tentación de alcanzar respetabilidad intelectual y asumir un orgullo humano).

Como de costumbre, Fred está en lo cierto: El ideal del liderazgo de servicio ha sido reducido a un método de manipulación o a una fórmula para alcanzar el éxito. Sin embargo, el liderazgo realizado en un sentir cristiano es un «seguimiento», y solo en Cristo encontramos el ejemplo de cómo debe ser el líder. Probar los espíritus resulta fundamental. Las verdades bíblicas, estudiadas cuidadosamente, consideradas a la luz de las lecciones que nos ha dado la historia, y guiadas por el Espíritu Santo que mora dentro de nosotros, constituyen la brújula, siendo Cristo mismo el polo magnético. Es ante su trono que se realizará él único pronunciamiento significativo: «¡Hiciste bien, siervo bueno y fiel!» ¡Todo lo demás resulta intrascendente; es escoria!

Por supuesto, se nos ha advertido también anteriormente con respecto al peligro de vender nuestra primogenitura por un plato de lentejas. El problema es el mismo. Nuestros apetitos y la ansiedad por solucionar nuestra supervivencia inmediata con frecuencia predominan por encima aun de nuestro conocimiento y buen juicio espiritual. ¡Tanta más razón para prestarle atención al consejo de Fred y mantenernos enfocados en el servicio!

Tres preguntas para pensar

1. ¿Cuánto tiempo ha pasado desde que clarifiqué mi enfoque?
2. ¿Cuál es la fuente de mi llamado?
3. ¿En qué aspecto posiblemente esté fuera de lugar?

Una frase para recordar

Jamás he visto un líder perezoso o confundido que realmente tuviera pasión por lo que hacía.

Una palabra de las Escrituras para atesorar en el corazón

Josías asignó las funciones a los sacerdotes y los animó a dedicarse al servicio del templo del SEÑOR (2 Crónicas 35:2).

41

EL POTENCIAL DE LAS MESETAS

Las consideraciones de Fred

El desarrollo sólido requiere de un programa que nos provea mesetas en las que nuestra información se convierta en conocimiento a través de la experiencia, y luego estemos listos para seguir ascendiendo. El crecimiento personal no sucede en una serie ininterrumpida de ascensos. Las mesetas nos permiten un período de asimilación antes de iniciar un nuevo ascenso. Cada persona tiene un patrón propio en cuanto a esto y debe volverse experto en leer sus propios gráficos de ascensos y mesetas. Aquellos que intentan ascender demasiado rápido, se quedan sin energías o no logran asimilar cabalmente sus experiencias. Tienden a desarrollar espacios huecos.

Toda la vida no se desliza pareja y sistemáticamente a través de ese patrón. Mirada desde una cierta distancia, puede ser que la línea de un gráfico muestre una inclinación consistente. Sin embargo, cuando la estudiamos de cerca, apreciamos que se trata de un patrón de subidas, bajadas y lugares llanos. La macrovisión siempre difiere de la micro visión.

Existen divisiones naturales en nuestra vida, tales como la familia, la carrera, lo espiritual, las finanzas, las emociones, los amigos y conocidos y la salud física. Un amigo mío, que suele consultar con ejecutivos especializados en desarrollo personal, compara estos segmentos de la vida con las subsidiarias de una empresa. Cada uno le da razón de sí al individuo que monitorea y supervisa la actuación de cada uno de ellos.

Me gusta pensar en estas divisiones como interrelacionadas, pero sin embargo diferentes en su enfoque. Resulta claro que cada uno de nosotros tiene su propio ciclo particular en cuanto a ascensos y mesetas. Por lo tanto, resulta importante rastrear todas las áreas de nuestra vida y graficar un itinerario para cada área. Al implementar este ejercicio, nos es posible medir la condición de cada una de las divisiones. No intento lograr que todas las áreas funcionen del mismo modo. Idealmente, cada una debería tener sus momentos de ascensos y mesetas. Por ejemplo, cuando uno está ascendiendo en su carrera, las energías y el estrés positivos se dirigen a lograr aquello. Luchar al mismo tiempo para darle una modalidad de ascenso a las otras áreas de la vida es dirigirse hacia un agotamiento y hacia un rendimiento bajo.

Comprender que el ritmo de desarrollo de la vida es sincopado nos mantiene sincronizados con el progreso.

Reflexión: John Edmund Haggai
Fundador y presidente del Instituto Haggai
para el entrenamiento avanzado de líderes
Escritor y conferencista

Al leer los pensamientos de Fred Smith -siempre cautivantes, siempre creativos-, descubro que sus ideas son verdaderos hallazgos que se acumulan unos sobre otros en mi cabeza.

Moisés se encontró con Dios en el monte Sinaí. David levantó sus ojos a los montes. Jesús fue transfigurado en la cima de la montaña. Del principio al fin, las Escrituras nos muestran hombres y mujeres de fe que «ascendieron» para encontrarse con Dios.

Consideremos también lo opuesto. Satanás fue arrojado del cielo hacia abajo. Adán cayó. David atravesó el valle de sombra de muerte.

Alturas que implican logros. Profundidades de desesperación en el otro extremo. ¿Y en el medio, qué?

En el medio están las mesetas. El progreso raramente se desliza suavemente, sin obstáculos. El precio de las acciones de negocios zigzaguea en su camino hacia arriba. Los montañistas ascienden al Everest estableciendo una serie de campamentos en los bordes de la montaña, en sitios cada vez más elevados. Para ellos, todo paso adelante primero requiere de un descanso, de reagruparse, de recuperar las fuerzas.

A veces las mesetas nos llegan en la forma de reveses que edifican nuestra fe.

Pienso en José, que debió soportar las tonterías de un padre que chocheaba, la hostilidad de unos hermanos celosos, la esclavitud de parte de una banda de madianitas, y un período en prisión por haber huido de un vil intento de seducción por parte de una mujer. Solo a través de estas sucesivas mesetas se produjo un progreso que lo llevó a bendecir a uno de los oficiales más altos del faraón.

Una meseta no es una llanura. En la Biblia, a menudo las llanuras simbolizan lujo y esplendidez que sofocan y estancamiento espiritual: Egipto, Babilonia, Sodoma y Gomorra, Sinar (donde los hombres construyeron la Torre de Babel).

Es una tentación detenernos en los lugares planos en los que la vida resulta fácil. Pero en cada meseta Dios llama a sus siervos a enfrentar el próximo desafío y el siguiente ascenso. Hacia adelante. Y hacia arriba.

Tres preguntas para pensar

1. ¿En qué lugar me hallo ahora en lo que se refiere a las diferentes «sucursales» de mi vida?
2. ¿De qué modo manejo los zigzagueos de la vida?
3. ¿Qué sistema utilizo para detectar el ritmo de mi desarrollo?

Una frase para recordar
Comprender que el ritmo de desarrollo de la vida es sincopado nos mantiene sincronizados con el progreso.

Una palabra de las Escrituras para atesorar en el corazón
Por eso se adelantó corriendo y se subió a un árbol para poder verlo, ya que Jesús iba a pasar por allí (Lucas 19:4).

42

AMPLITUD DE AMPERAJE PARA LLEVAR UNA VIDA PRODUCTIVA

Las consideraciones de Fred

La compañía de electricidad siempre nos advierte que debemos evitar sobrecargar los circuitos. Eso es correcto, aunque he notado que tengo seis enchufes en un tomacorriente y no existe ningún daño potencial porque solo uso un artefacto por vez. Cada uno por separado no alcanza a superar la capacidad del circuito. Nos colocamos en peligro de sobrecarga cuando usamos más de uno o dos aparatos por vez: eso supera la capacidad.

Lo mismo sucede con nuestras vidas. Nos sobrecargamos por aceptar una excesiva cantidad de compromisos que ejercen una demanda sobre nosotros, o debido a que aceptamos muchas experiencias emocionales fuertes, o por asumir demasiadas obligaciones con respecto a nuestro tiempo, y todo ello junto. Cuando lo hacemos, saltan los fusibles. No se trata de cuántas conexiones tenemos instaladas a un circuito; tiene que ver con el potencial disponible, y cuando lo sobrepasamos se produce una sobrecarga. En algunas ocasiones somos capaces de hacernos cargo de múltiples actividades, mientras que ninguna de ellas nos requiera demasiado, o que no se *enchufen* simultáneamente con otras tantas demandas. Cuando cada una de ellas compite por nuestra corriente de energía, estamos en peligro.

Utilizamos diferente cantidad de corriente según la demanda emocional que nos requiera un determinado compromiso.

Yo solía hablar a audiencias muy numerosas, y no me significaba un mayor desgaste de energía porque la energía consumida se correspondía con la potencia disponible. Si no hubiera habido una entrada positiva, como una reacción amistosa, risas, indicaciones de concordancia, interés, y otras semejantes, por parte de la audiencia, hubiera requerido mucha más potencia de mi parte.

Debemos encontrar un equilibrio, de modo que lo que damos sea equivalente a lo que recibimos: un juego en el que al sumar, el resultado sea cero. Nos agotamos cuando la carga de energía no se equipara con la tarea, ya sea intelectual, emocional, física o espiritualmente. No es la cantidad de tareas sino la energía que nos requieren lo que determina el punto de sobrecarga.

Reflexión: Bob Deffinbaugh
Pastor y maestro de la iglesia Community Bible Chapel,
Richardson, Texas

Fred llama nuestra atención al problema de la sobrecarga a causa de las demandas de la vida y del ministerio, a cuyas consecuencias muchas veces nos referimos con el término «agotamiento». Creo que las Escrituras hablan del problema de la sobrecarga por lo menos en tres sentidos.

En primer lugar, y a causa de que todos tendemos a tener demasiadas planchas sobre el fuego (o demasiados electrodomésticos enchufados en el tomacorriente), deberíamos priorizar esas demandas y determinarnos a realizar primero aquellas cosas que resultan más importantes. Marta estaba muy preocupada con respecto a algo que era de menor importancia (ver Lucas 10:38-42). En pocas palabras, sus prioridades estaban cambiadas, y eso hizo saltar los tapones.

En segundo lugar, a veces la solución a una sobrecarga es simplemente una cuestión de enchufar algunas cosas en un tomacorriente que esté conectado a un circuito diferente. Nosotros preparamos el café en la iglesia y encontramos que son tantas las cafeteras que funcionan al mismo tiempo que tenemos que enchufarlas a distintos circuitos. De algún modo, a veces pensamos que somos el único circuito disponible en la ciudad. Por lo tanto, suponemos que debemos soportar toda la carga.

Elías padecía del síndrome de «solo he quedado yo», y casi se agotó. Parte de la solución para este profeta fue informarlo acerca de que no estaba solo; en realidad había otros 7000 fieles siervos del Señor. Dios lo instruyó para que escogiera tres personas que realizaran la tarea, una tarea que nunca estuvo pensada para que la llevara a cabo él solo (ver 1 Reyes 19). En el Nuevo Testamento se nos enseña que la iglesia es el cuerpo de Cristo y que cada uno de los miembros tiene un rol que cumplir (ver 1 Corintios 12:1-31). La cuestión aquí es que Dios ha distribuido la carga del ministerio entre todos los miembros del cuerpo. Tenemos que tener cuidado de no presuponer que nos toca asumir toda la carga. Hay otros circuitos.

En tercer lugar, en un sentido, Dios quiere que actuemos más allá de nuestras capacidades. La obra de Dios no se realiza a través del esfuerzo humano (la carne) sino por medio del Espíritu de Dios que opera en nosotros. Eso fue así en el Antiguo Testamento (ver Zacarías 4:6) lo mismo que en el Nuevo (ver Romanos 8:1-11). Dios le dio a Pablo un «aguijón en la carne» y no se lo quitó porque quería que aprendiera que su poder se perfecciona en la debilidad (ver 2 Corintios 12:7-10). Para volver a la analogía del circuito eléctrico, Dios es como una corriente eléctrica continua que hace su aparición cuando la fuente normal de energía resulta insuficiente.

Tres preguntas para pensar
1. ¿En qué condiciones está mi circuito emocional?
2. ¿Qué usuarios de energía me causan una sobrecarga?
3. ¿Qué parte juego en cuanto a compartir la carga de la iglesia?

Una frase para recordar
No es la cantidad de tareas sino la energía que nos requieren lo que determina el punto de sobrecarga.

Una palabra de las Escrituras para atesorar en el corazón
«No será por la fuerza ni por ningún poder, sino por mi Espíritu», dice el SEÑOR Todopoderoso (Zacarías 4:6).

43

PROTEGIDOS POR EL AMOR

Las consideraciones de Fred

Trabajé para el consejo administrativo de una empresa junto con una dama cristiana muy firme, que testificaba haber crecido con amigos que «vivían la vida loca». Su hermana le aconsejó que evitara ese comportamiento peligroso por temor a la forma en que su padre podría reaccionar y por las medidas que podría tomar. Ella le respondió: «No elijo dejar la inmoralidad porque temo que él pueda hacerme algo. La dejo porque sé lo que esto le está haciendo a él. Se que me ama verdaderamente».

Otra amiga de ella me contó que su madre había muerto cuando era apenas una niñita. Sus parientes le contaban lo mucho que su madre había lamentado no vivir para ver a su hija crecer. También le decían que su mamá estaba en el cielo y podía ver todo lo que ella hacía. No deseando decepcionar a su madre, esta mujer llevó una vida casi ejemplar. Temía no estar a la altura del amor de su madre. Es más difícil que un niño que ha sido amado se meta en serios problemas.

Las parejas que viven juntas sin casarse dicen: «No es de la incumbencia de nadie lo que dos adultos hacen de mutuo consentimiento». Esto podría ser cierto si nadie más los amara a cualquiera de los dos, pero raramente ese es el caso. Parejas así no viven a la altura de la responsabilidad que implica el ser amados.

En una ocasión viajé a Europa con un socio comercial no cristiano del que yo me temía que fuera un «Don Juan Tenorio».

Pero durante todo el viaje solo habló de su esposa y del amor que se profesaban el uno al otro. Luego de asistir a un concierto en La Scala, su único comentario fue: «Desearía que ella hubiese estado aquí». La respuesta de él al amor de ella se había convertido en su fortaleza.

He observado que aquellos individuos que perciben el amor de Cristo tienen mayor disposición a obedecer sus mandamientos. En las Escrituras leemos: «Si ustedes me aman, obedecerán mis mandamientos» (Juan 14:15). No lo conocemos a él a través de la obediencia, pero observamos sus mandatos porque lo conocemos. Ese es nuestro gozo.

Reflexión: Jill Briscoe

Ministerios Telling the Truth
Editora ejecutiva de la revista Just Between Us
Oradora y escritora

Yo soy la dama cristiana a la que Fred hace mención al principio de su reflexión. Recuerdo muy bien el incidente que se menciona. Yo no era creyente. Como hija de la Segunda Guerra Mundial, tenía muchas preguntas con respecto a Dios y su existencia, pero fui criada por padres a los que adoraba y que me amaron y disciplinaron. También me enseñaron los valores cristianos, aunque nunca fuimos a la iglesia.

Porque amaba muchísimo a mi padre, no quise decepcionarlo. Así que cuando en alguna fiesta de la escuela secundaria mi novio me invitaba a la cama, me resistía a ello, marcada por las palabras de mi hermana mayor: «Jill, si te llegas a quedar embarazada, eso matará a papá». Un temor conveniente, y el amor y reverencia por el afecto de mi padre me salvaron en la hora de la tentación.

Mi comprensión acerca de la santidad de Dios y de su amorosa insistencia de que sea santa ha crecido desde aquel día.

He aprendido que eso no es simplemente por el bien de mi Padre celestial, sino también por el mío propio. Dios sabe que el pecado es algo que nos estropea, y arruina nuestra vida y la de los que nos rodean. Porque amo al Señor, no rompería su corazón deliberadamente. De hecho, cuanto más lo conozco, más determinada estoy a producirle alegría. La santidad es amar a Dios y obedecerlo con ese fin.

Una intimidad y un amor de este tipo requieren pasar tiempo juntos. Cuando acabó la guerra fue que realmente conocí a mi padre y nos volvimos muy unidos. Él solía pescar con mosca, y mi hermana y yo caminábamos por la orilla del río junto con él, en el bello distrito de los Lagos de Inglaterra. Pasábamos horas en silencio en esa catedral de la naturaleza, solo disfrutando de la compañía de los otros. ¡Puro gozo!

De la misma manera ocurre con mi Padre celestial. La sinfonía de silencio de la que disfruto junto a Dios mi Padre a lo largo del río de la vida ha profundizado mi amor, respeto y regocijo en él. La obediencia sin amor se vuelve una cuestión miserable. ¡La obediencia en amor es como una fe que danza!

Tres preguntas para pensar
1. ¿A quién amo tanto como para obedecerlo?
2. ¿De qué modo puedo desarrollar prioridades correctas en cuanto a mi tiempo?
3. ¿Qué cosas me muestran hoy que soy amado por Dios?

Una frase para recordar
No lo conocemos a él a través de la obediencia, pero observamos sus mandatos porque lo conocemos.

Una palabra de las Escrituras para atesorar en el corazón
En esto consiste el amor: en que pongamos en práctica sus mandamientos (2 Juan 1:6).

44

LA ALEGRÍA QUE APORTAN LAS
NUEVAS IDEAS

Las consideraciones de Fred

Le pregunté al vicepresidente primero de una compañía petrolera valuada en mil millones de dólares: «John, ¿qué cosa sabes ahora que desearías haber sabido cuando saliste de la escuela?»

Con toda presteza me respondió: «Fred, desearía haber tenido la humildad de mostrar una mente abierta».

¿Alguna vez has intentado hablar con alguien cuya mente está completamente cerrada?

Un común denominador que he descubierto entre aquellos que están ávidos de aprender es que siempre tienen a mano lápiz y papel (o sus equivalentes modernos). Prestemos atención a esto. Reunamos en una conversación vivaz a personas muy dinámicas, que ambicionan alcanzar logros, y de pronto notaremos que ellos comienzan a anotar las ideas que les cruzan por la mente. Aquellos que alcanzan logros y están acostumbrados a tomar notas pueden descartar las ideas que han registrado si no quieren conservarlas (y las personas inteligentes hacen una evaluación para descartar las malas ideas). Pero si desean recordar una idea que no han anotado, ¿cómo pueden recuperarla? Howard Hendricks, distinguido profesor del Seminario Teológico de Dallas, ha instruido a miles de hombres y mujeres con respecto a la necesidad de llevar encima tarjetas de 8x13 centímetros para registrar las «grandes ideas».

Un destacado joven que conocí recientemente me dijo:

«Un líder no es aquel que tiene las mejores ideas; un líder es el hombre o mujer que usa esas grandes ideas». Para poder hacerlo, el líder necesita tener una mente abierta, con discernimiento. Por supuesto, no hablo de esos pegajosos cazamoscas que andan recogiendo cualquier cosa se les cruza en el camino, sino de los que cuentan con la astuta habilidad de abrirse a las ideas que les resultan útiles.

Siempre tengo en mente que lo que los líderes saben no es lo más importante; principalmente me interesa lo que son y la manera en que piensan, porque eso determinará la calidad con que usen su saber y la forma en que capten qué cosas son las que les faltan. Recordemos que un líder se vuelve amigo de su propia ignorancia.

Reflexión: Mark Bailey
Presidente del Seminario Teológico Dallas, de Dallas, Texas

En aquellos momentos en los que tengo el privilegio de estar con Fred Smith, descubro que él es un ejemplo en cuanto a la búsqueda de nuevas ideas. Cuantos más años tiene, más insaciable se vuelve en su sed de aprender.

La noción errónea de que ya hemos llegado marca el punto culminante de la inmadurez; la madurez tiene que ver con reconocer que aún no lo hemos logrado. La humildad, tanto con respecto a la vida como delante del Señor, constituye una virtud indispensable para la trayectoria de un líder que tiene un espíritu pasible de ser enseñado. Ser *enseñable* implica el reconocimiento de que nuestro conocimiento es todavía incompleto.

La humildad genuina produce sed por alcanzar la sabiduría del Señor. Sin un «filtro de fe» de este tipo, nadie estaría preparado para distinguir entre las ideas del mundo y la verdad de Dios.

El salmista cantaba acerca de que Dios «dirige en la justicia a los humildes, y les enseña su camino» (Salmo 25:9),

El profeta Isaías predicaba acerca de que Dios estima a aquel que es humilde y contrito de espíritu, y que tiembla ante su Palabra (ver Isaías 66:2).

La declaración de Mónica Baldwin sobre la humildad me ronda en la mente desde la primera vez que la leí: «Lo que vuelve a la humildad tan deseable es aquello tan maravilloso que hace por nosotros: crea en nosotros la capacidad de lograr la intimidad más cercana posible con Dios».

La declaración más autobiográfica que Jesús hizo fue describirse a sí mismo como manso y humilde de corazón (ver Mateo 11:29). En el mismo pasaje utilizó la metáfora del yugo para hablar acerca de la necesidad de que sus discípulos aprendieran de él. Spurgeon lo dijo muy bien muchos años atrás: Jesús «es su propia mejor enseñanza».

Señor, que podamos ofrecernos nosotros mismos a ti en cada una y todas las circunstancias. Te pedimos que nos enseñes y nos formes más y más a la imagen de Cristo. Que podamos tener la mente de Cristo y convertirnos en ejemplos de su vida.

Tres preguntas para pensar
1. ¿De qué manera percibo que tengo una mente cerrada?
2. ¿Hasta qué punto soy amigo de mi ignorancia?
3. ¿Quién me alienta a volverme más *enseñable*?

Una frase para recordar
Un líder se vuelve amigo de su propia ignorancia.

Una palabra de las Escrituras para atesorar en el corazón
Entre los ancianos se halla la sabiduría; en los muchos años, el entendimiento (Job 12:12).

45

EL COMUNICADOR EXCELENTE

Las consideraciones de Fred
La buena comunicación es más que la presencia, la capacidad de entregar un mensaje, y el contenido. Un comunicador verdaderamente bueno comprende tres principios importantes.

Primero, entiende que resulta crucial captar el espíritu de la comunicación. El que habla debe sentirse motivado a *expresarse* y no a *impresionar*. Mi amigo el Dr. Jim Cain aceptó una invitación para hablar acerca del estrés delante de dos mil ejecutivos clave. Fue precedido en el podio por un renombrado cardiólogo y por un famoso psiquiatra, que entraron en el juego de impresionarse el uno al otro. Cuando le tocó el turno de hablar al Dr. Cain, él utilizó una analogía simple para ilustrar lo que la audiencia precisaba conocer. Este distinguido médico de la Clínica Mayo comprendió el verdadero espíritu de la comunicación. Él se expresó y no intentó impresionar.

Segundo, los buenos comunicadores comprenden que deben evitar mostrarse escandalizados o sacudidos. Cuando una persona reacciona con una actitud alterada, automáticamente le está diciendo al otro individuo que sus sistemas de valores están en conflicto, y por lo tanto de inmediato se vuelve imposible una comunicación libre de contaminación. Es evidente que los adolescentes utilizan el factor del choque, de escandalizar, para evitar de plano toda comunicación. Los padres sabios escuchan sin descolocarse ante ellos sea física o mentalmente: «No permitas que vean que estás sudando».

Tercero, los buenos comunicadores transmiten interés y no curiosidad. Expresar interés al escuchar y mostrarse hábil al preguntar abren el entendimiento. Cada uno de nosotros desea sentir que el otro está sinceramente interesado, pero nadie quiere convertirse en el blanco de la curiosidad de los demás. Percibo la diferencia de esta manera: El interés nos proporciona información en beneficio de la otra persona; la curiosidad nos resulta útil solo a nosotros. Les daré un ejemplo. Estaba hablando por teléfono con una mujer joven que lloraba. Una pregunta curiosa hubiera sido: «¿Por qué estás llorando?» Una pregunta que expresara interés hubiera comenzado por pedir permiso: «¿Quieres decirme por qué estás llorando?» El interés y no la curiosidad es lo que abre las puertas.

Un verdadero comunicador tiene un mensaje y un mandato. Un comunicador experto sabe que el vigor, la pasión, la habilidad y la experiencia vienen tras un don que se usa bien y con sabiduría.

Reflexión: Mac Brunson
*Pastor principal de la Primera Iglesia Bautista
de Jacksonville, Florida*

Sin querer adular, debo decir que este es el genio de Fred Smith. Hay aquí tres principios que resultan cruciales para todo buen comunicador, pero solo uno de ellos tiene que ver con la transmisión oral. Los otros dos principios se relacionan con el oír y con la manera en que escuchamos. La comunicación eficaz se compone de un tercio de aquello que decimos y dos tercios de la forma en que nos conectamos con las personas con las que hablamos. ¿Cuántas veces nos dijo nuestra madre: «Escucha el doble de lo que hablas»?

Cuando escuchamos, establecemos una conexión. La manera de escuchar, como Fred lo ha sugerido, impacta sobre nuestra forma de comunicarnos. Resulta fundamental escuchar a aquellos con los que queremos comunicarnos. El modo de escucharlos construye un puente o erige una pared.

Como pastor, siempre que predico sé que los que me escuchan son personas a las que solo las separa de la ruina personal, matrimonial, financiera o moral la distancia de una decisión. Esas otras personas están considerando opciones cuyas consecuencias los seguirán por el resto de sus vidas. La cuestión no es: *¿Están escuchando?*, sino: *¿Me he ganado el derecho de ser escuchado para poder trasmitir eficazmente la palabra de Dios?* Solo cuando es así se produce la comunicación.

Fred también habla del espíritu de la comunicación. Mi esposa siempre me dice: «Háblale al corazón y no a la cabeza de la gente». Lo que quiere decir es lo que Fred ha señalado: No trates de impresionar a otros sino habla para suplir sus necesidades. Alguien dijo una vez: «Es imposible causar impresión en las personas con respecto a Jesús y con respecto a uno mismo a la vez».

Tres preguntas para pensar
1. ¿En qué ocasiones me siento culpable de tratar de impresionar en lugar de expresarme?
2. ¿Qué pasos puedo dar para desarrollar mi mensaje y mandato?
3. ¿De qué modo puedo mostrar interés y alejarme de la curiosidad?

Una frase para recordar
La buena comunicación es más que la presencia, la capacidad de entregar un mensaje, y el contenido.

Una palabra de las Escrituras para atesorar en el corazón
Todos deben estar listos para escuchar, y ser lentos para hablar y para enojarse (Santiago 1:19).

46

MOTIVAR A TRAVÉS DE MANDATOS

Las consideraciones de Fred

El diplomático norteamericano Adolph A. Berle, escribiendo acerca del poder, dijo que un líder siempre debería funcionar bajo mandato, bajo comisión, y que tanto el líder como el pueblo deberían tomarse de ese mandato. Los grandes políticos hace mucho que han descubierto esta verdad. Por ejemplo, el presidente Franklin D. Roosevelt señaló cuatros temores a los que tenemos que sobreponernos. Los dictadores siempre presentan su mandato como asumido por el bien del pueblo; entonces ese mandato se convierte en la gran realidad motivadora.

Max DePree, autor y CEO (ejecutivo a cargo de una empresa), hizo de su mandato, de su cargo ejecutivo, una realidad presente cuando dijo: «La principal responsabilidad de todo CEO es definir lo que es la realidad para su organización». El señor John D. Rockefeller, del Chase Manhattan, eligió el aspecto de la visión. Él pensaba que la responsabilidad principal de un líder es definir la visión de la organización. En otras palabras, el potencial que es posible alcanzar se convierte en el blanco. Eso es lo que manda y define el objetivo último de la organización.

La ejecución clara del cargo de mando también se constituye en una forma correcta de evaluar el progreso. Los grandes ejecutivos que he conocido eligen liderar de una manera que sacrifica el ego *por* el bien de la organización, en lugar de satisfacerlo *a través* de la organización.

Seleccionar la función ejecutiva adecuada requiere contar con una integridad objetiva. He descubierto que resulta beneficioso asociarse con gente que muestra un pensamiento de claridad excepcional. Uno de esos amigos y consejeros que tengo vive en Colorado. Recuerdo que en una ocasión le presenté un problema. Me preguntó cuáles eran mis opciones, y confidencialmente le dije que tenía tres.

«Háblame de ellas», me dijo.

Me escucho mientras yo iba describiendo cada una y luego me respondió con toda agudeza: «No tienes tres opciones. Lo que tienes es una opción y dos deseos».

A veces una visión externa, objetiva y amistosa resulta invalorable. Confiar en la integridad para el cargo de mando significa que consideramos a las personas confiables. La aceptación de un puesto de mando por parte del liderazgo acentúa la responsabilidad más bien que los derechos. Los derechos generalmente entran en conflicto y separan. Las responsabilidades se superponen y eso establece lazos. El cargo de mando llama a que la organización rinda cuentas, comenzando desde lo más alto.

Reflexión: Sarah Sumner

Profesora de teología y de ministerio,
asistente especial del decano de desarrollo estratégico
de la Escuela de Graduados en Teología de Haggardt
Pastora dedicada a la enseñanza en la iglesia New Song Church,
San Dimas, California

En términos prácticos, «definir la realidad» es encuadrar las perspectivas de otras personas. Es llamar su atención a un problema en desarrollo que la función ejecutiva promete resolver. Por lo tanto, con cada llamado a ejercer un cargo de mando, el líder debe reiterar el problema que esa función resuelve.

Muy a menudo los líderes *intentan vender* su mandato pre-
maturamente. Tratan de vender el cargo ejecutivo en sí
mismo. Olvidan que es el problema lo que hace que un cargo
de mando tenga sentido. Así que cuando un líder proyecta
ante otros una visión, su primera obligación es lamentarse
por el problema y luego pintar el cuadro de lo que sería la
realidad si todos apoyaran al que está a cargo del mando.

Desde ya que ningún líder puede conducir eficazmente si
su función ejecutiva no resulta clara, pero, sin embargo, el
establecer un cargo no resulta suficiente. Para que el líder
pueda mantenerse en el curso determinado a largo plazo,
tiene que cultivar su carácter personal. Es el carácter del líder
lo que determina si él se va a mantener fiel al cargo que le ha
sido encomendado.

Existen tres trampas principales en las que los líderes tienen mayor probabilidad de caer: el cinismo, el intento de
satisfacer a los otros, y el manejo de la imagen.

El cinismo surge cuando un líder pierde su fe en la gente a
la que le ha encomendado una función. El antídoto al cinismo
es celebrar todo aquello que la gente que conforma el equipo
hace correctamente y disculpar todo lo que realiza mal.

Por contraste, el tratar de agradar a otras personas surge a
partir del temor. Cuando el líder se atemoriza por la probabilidad del enojo o la ira de la gente, pierde de vista su cargo de
mando. El antídoto al problema de tratar de agradar a la gente
es establecer fronteras emocionales sabias dentro de las relaciones, de tal modo que el líder pueda amar a las personas en lugar
de temerles.

Finalmente, el manejo de la imagen asume el control cuando
un líder comienza a preocuparse más por las apariencias que por
la realidad. El intento de mantener las apariencias es lo que lleva
a un manejo de la imagen. Por lo tanto, el antídoto al manejo
de la imagen es la sinceridad. La verdad libera a los líderes para
poder llevar adelante sus funciones en el largo plazo.

Tres preguntas para pensar
1. ¿Cuál es el cargo en el que funciono?
2. ¿De qué modo estoy controlando apropiadamente mi ego?
3. ¿Hasta qué punto soy claro al definir la realidad ante los que me rodean?

Una frase para recordar
La aceptación de un puesto de mando por parte del liderazgo acentúa la responsabilidad más bien que los derechos.

Una palabra de las Escrituras para atesorar en el corazón
Con fe y amor en Cristo Jesús, sigue el ejemplo de la sana doctrina que de mí aprendiste (2 Timoteo 1:13).

47

AUMENTAR LA DISTANCIA ENTRE LOS EJES

Las consideraciones de Fred
Mucha gente vive su vida emocional como si esta fuera un yo-yo, constantemente subiendo y bajando. Una parábola de Sufi alega que un poderoso rey desafió a sus sabios a que crearan para él un anillo que produjera estabilidad dentro de su reino. Los sabios pusieron sus mentes a pensar todas juntas y volvieron con un anillo de oro en el que habían grabado las palabras «Esto también pasará». Necesitamos descubrir que ese lema se adecua también a todos nosotros.

A medida que maduramos, aprendemos a aumentar la distancia entre nuestros ejes emocionales. Tomamos los baches de la vida dando menos sacudones. Eso le proporciona equilibrio a nuestra existencia. Descubro que las personas pesimistas extrapolan excesivamente las cosas malas de la vida y los optimistas extrapolan las buenas llevándolas demasiado lejos. El momento y la oportunidad cambia las condiciones, de modo que la máxima de Smith reza: «Extrapola objetivamente».

A veces nos sentimos como marineros en un barco sacudido por la tempestad, conscientes tanto de las olas como de la seguridad del barco, del mismo modo en que lo hacen los marinos. En otras ocasiones la vida nos lleva a sentirnos como soldados en tierra firme. Muy pronto nos damos cuenta de que no nos hallamos más a salvo como soldados que como marineros: ¡la única diferencia es que no hay olas pasándonos por encima cuando estamos en tierra seca!

Cualquiera sea nuestra condición, necesitamos concentrarnos en lo que intentamos lograr. Un objetivo sin un blanco resulta inservible.

Parte de ese permanecer enfocados es mantener la maquinaria bien aceitada. Para mí eso implica desarrollar sentido del humor. Veo que muchas personas corren de aquí para allá metiéndole demasiada presión a la máquina, lo que la daña simplemente porque no le han puesto esa pequeña dosis de aceite que la lubrica y disminuye el recalentamiento. No hay mejor aceite que un buen sentido del humor.

Los yo-yo son divertidos para los chicos, pero una vida oscilante como un yo-yo hace que aun los adultos mejor plantados se mareen.

Reflexión: Larry Mercer
Presidente de Washington Bible College, de Capital Bible Seminary, y de Equip Institute, Washington, D.C.

Recientemente, en un momento en el que me hallaba fuera del escenario del liderazgo pastoral y profesional, mi hija adolescente exclamó: «¡Papá, estás loco!» Fue uno de los momentos más memorables que compartimos. Su diagnóstico espontáneo de mi «locura» temporal constituyó una maravillosa reafirmación de mi humanidad y resultó una medicina para mi espíritu. Permítanme que me explique.

Acabábamos de compartir una explosión de risotadas luego de una instancia en la que yo me despojé de cualquier semblanza de conducta pastoral o profesional y me perdí dentro de un momento de pura diversión paternal. Esos espacios de diversión y de una liberación saludable no solo constituyen un buen contrapeso a las presiones de la vida y el ministerio, sino que pueden salvarnos la vida. En ese momento yo pude dar testimonio personal con respecto a las afirmaciones de la investigación moderna que señala que la risa reduce la cantidad de hormonas peligrosas, baja la presión sanguínea y disminuye el estrés. Me sentí muy bien.

No me extraña que el escritor de Proverbios reconozca el poder sanador de la risa cuando señala: «Gran remedio es el corazón alegre, pero el ánimo decaído seca los huesos» (Proverbios 17:22).

Las palabras de Fred constituyen un gran incentivo para proteger nuestros espíritus de quebrantarse bajo el peso del servicio cuando no cuenta con ventanas de risa. Cuando pienso en una vida sin risa, no puedo evadir la imagen de una banda elástica en constante tensión. Me siento ante el desafío de mantener la máquina de la vida bien aceitada a través de esos minutos de distensión y gozo, sabiendo que Dios puede concedernos el don de disfrutar que se describe en Eclesiastés 5:19-20: «Asimismo, a todo hombre a quien Dios da bienes y riquezas, le da también facultad para que coma de ellas, tome su parte y goce de su trabajo. Esto es don de Dios. Porque así no se acuerda mucho de los días de su vida, pues Dios le llena de alegría el corazón (RVR95)».

Tres preguntas para pensar

1. ¿De qué modo creo un efecto yo-yo en mi vida?
2. ¿Extrapolo sinceramente y con objetividad?
3. ¿Qué me lleva a detenerme y reír?

Una frase para recordar

A medida que maduramos, aprendemos a aumentar la distancia entre nuestros ejes emocionales.

Una palabra de las Escrituras para atesorar en el corazón

Nuestra boca se llenó de risas; nuestra lengua, de canciones jubilosas (Salmo 126:2).

48

MANTENER LA CALMA

Las consideraciones de Fred

Muchos de nosotros visualizamos el éxito como fama, logros y adquisiciones. Nuestra sociedad ha elegido la personalidad por sobre el carácter. El éxito cristiano debe construirse, sin embargo, sobre el carácter y no sobre la personalidad, y menos aún las habilidades. La forma de medir el éxito es simplemente estableciendo la proporción que existe entre los talentos que se usan y los talentos recibidos. El éxito tiene que ver con desarrollar un gran sentido de la responsabilidad y un amor por Dios y por las personas. A partir de eso fluirá un uso tremendo de nuestros talentos. El éxito, para un cristiano, es edificar sobre el carácter.

Las grandes cualidades de vida que tienen que ver con el carácter de una persona son sabiduría, integridad, sinceridad, lealtad, fe, perdón y amor. La versión inglesa de la Biblia *The Everyday Bible* nos ofrece una traducción interesante del Salmo 131:1-2, que habla de estar calmo y quieto. La *Nueva Versión Internacional* lo traduce así: «SEÑOR, mi corazón no es orgulloso, ni son altivos mis ojos; no busco grandezas desmedidas, ni proezas que excedan a mis fuerzas. Todo lo contrario: he calmado y aquietado mis ansias». ¿Cómo podemos proclamar que hemos alcanzado el éxito como cristianos cuando no estamos calmos y quietos?

Yo estaba haciendo una serie de programas televisivos con atletas muy conocidos asociados con el movimiento All-Pro, de Bill Glass, quien anteriormente ministraba en la prisión. Cuando almorzaba con Craig Morton y «Mean» Joe Green, pregunté: «¿Cuál es la principal cualidad del jugador que dirige la jugada en el fútbol?»

Joe me respondió: «Que está relajado cuando se hace de la pelota. No me refiero a que esté dormido, sino en control de la situación».

El pánico nunca constituye una buena opción.

Thomas Kelly, el eminente filósofo cuáquero, dijo que dentro de cada persona debería haber un centro de quietud que nada pudiera perturbar. Los grandes místicos católicos continuamente hablaron del trono de Dios, que está en el lugar más profundo de nuestro corazón, y al que no pueden perturbar las tormentas, las tribulaciones ni la tentación. Las Escrituras dicen: «Más vale dominarse a sí mismo que conquistar ciudades» (ver Proverbios 16:32). Obviamente, nuestra condición es más valiosa que nuestros logros. Nuestro mayor éxito es alcanzar una condición de quietud y un corazón apacible.

Reflexión: John Temple
Presidente y ejecutivo principal (retirado)
de Guideposts, Incorporated

Cuando leí por primera vez la afirmación de Fred acerca de que nuestra sociedad ha elegido la personalidad por sobre el carácter, me sonreí, porque no podía estar más de acuerdo con lo que él había dicho. Consideremos a Terrell Owens de los Cowboys de Dallas: todo personalidad y nada de carácter.

Pero nunca me ha gustado la idea de que para alcanzar el éxito como cristiano y como ejecutivo deba procurar la calma y la quietud. Para mí, «calma» implica algo plácido, débil. No refleja mi activa, dinámica y caótica vida. Soy un CEO (ejecutivo principal a cargo). Piloteo un avión. Quiero acción, emoción, y no calma o quietud.

Sin embargo, al pensar un poco más acerca de las ideas de Fred, consideré a los jugadores de fútbol americano que arman las jugadas, embolsando la pelota y pasando por entre esos inmensos contrincantes que intentan interrumpir su esfuerzo. Me di cuenta de que esos jugadores funcionan mejor cuando están calmos, concentrados, serenos, controlados. Comenzaba a ver lo que Fred quería decir.

El mantenerse calmo bajo presión constituye ciertamente un atributo del liderazgo eficaz. Henry Kissinger, al morir el ex presidente Gerald Ford, dijo que «él [Ford] asumió quizás en el momento más peligroso de crisis doméstica... pero avanzó con calma y con paso seguro».[1]

Entiendo el uso que hace Fred del término «calmo». Para ser un verdadero líder, debo tener un corazón calmo y seguro que me fortalezca a mí, y a todos los que me rodean.

Tres preguntas para pensar
1. ¿Dónde encuentro esa quietud para mi corazón?
2. ¿Qué es lo que perturba mi espíritu?
3. ¿Cómo recupero el equilibrio?

Una frase para recordar
Nuestro mayor éxito es alcanzar una condición de quietud y un corazón apacible.

Una palabra de las Escrituras para atesorar en el corazón
Más se atiende a las palabras tranquilas de los sabios que a los gritos del jefe de los necios (Eclesiastés 9:17).

Nota
1. Henry Kissinger, *«In Memoriam: Recollectios of the public and private Gerald Ford»* [En memoria: Recuerdos públicos y privados de Gerald Ford], *Newsweek*, 8 de enero de 2007. http://207.46.245.33/id/16409199/site/newsweek/ (accesible desde abril de 2007).

49

EL CIELO NOS TIRONEA

Las consideraciones de Fred

Ahora que Mary Alice está en el cielo, tenemos allí un imán divino: nuestros corazones se sienten atraídos por el cielo. El Día de Acción de Gracias del 2005 constituyó la primera festividad en que la familia se reunió luego del servicio en su memoria. Uno por uno fuimos expresando nuestra gratitud por su vida e influencia que aun continuaba sobre la familia. Resultaba claro que, aunque ausente, ella estaba muy presente entre nosotros. Nuestros nietos se lamentaban de que sus hijos tuvieran que crecer sin conocer a la «Abuela».

Al ir recorriendo el círculo, le preguntamos a mi bisnieto Andrew por qué cosa estaba agradecido. «Porque la Abuela me amaba tanto», fue su respuesta instantánea y sentida.

La muerte de Mary Alice nos hizo muy conscientes del Salmo 23: «Aun si voy por valles tenebrosos, no temo peligro alguno porque tú estás a mi lado». Eso fue enfatizado en la conversación que el Dr. Ramesh Richard mantuvo con el director del funeral junto a la tumba. Le preguntó: «¿Nota usted diferencia entre las familias que tienen fe y las que no la tienen?»

El empleado de la funeraria respondió: «En apenas dos minutos».

Nos agradó que fueran tantas las personas que comentaron que ese servicio honraba a Mary Alice y glorificaba a Dios. Por supuesto, sufrimos, pero «no como aquellos que no tienen esperanza».

Su muerte hace que la eternidad resulte más cercana, más inmediata: el cielo y el infierno se vuelven más reales. Ha aumentado la intensidad de mis oraciones intercesoras por mis amigos inconversos. Me ha revelado el rol que estamos destinados a cumplir en la vida de los demás. Un amigo de toda la vida me llamó y me dijo: «Tu esposa fue una excelente mujer cristiana, y sin el testimonio cristiano de ustedes dos, no sé donde estaría yo». En tanto que es el Espíritu Santo el que trae a las personas a Cristo, se nos concede a nosotros el privilegio de presentarlo tanto a través de nuestra vida como de nuestras palabras.

Nuestro imán nos atrae hacia el cielo, pero nuestra fe nos mantiene firmemente plantados sobre la tierra haciendo la obra que él nos ha encomendado hacer. Descanso seguro de que volveré a ver a esa mujer de fe, a esa verdadera dama.

Reflexión: Jeff Horch

Nieto de Fred Smith padre, e hijo de Brenda A. Smith
Productor de multimedios

Hablar durante un servicio fúnebre en memoria de alguien normalmente constituye un momento sombrío, pero representar a los nietos en el servicio recordatorio de mi abuela fue un gozo muy grande para mí. Compartir con la audiencia formada por la familia y los amigos mis sentimientos por una mujer a la que admiraba y amaba fue un privilegio único que nunca olvidaré. En ese frío día de noviembre hablé sobre dos de las cualidades que definieron a mi abuela como una «dama». En este momento me gustaría concentrarme solo en la primera cualidad: su dignidad.

Cuando pensamos en la palabra «dignidad», es posible que pensemos en la realeza de aquellos que se mantienen separados de las cosas «indignas». Pero la dignidad es en realidad una extraordinaria cualidad bíblica. Se trata de la idea de comprender que tenemos un valor y una estima que nos vienen por haber sido creados a la imagen de Dios. Yo siempre tuve la certeza de que mi abuela tenía ese sentido innato de su valor, y por eso se conducía con dignidad.

Pero aún más importante es el hecho de que ella les transmitía esa dignidad a otros. Continuamente les recordaba a sus nietos su valor y su estima. Como nieto de ella, sé que cuando percibía la manera en que me amaba, me cuidaba y creía en mí, no podía evitar pensar (aun siendo pequeño) que yo debía ser especial. Y creía desde temprana edad que debía ser valioso por la forma en que mi abuela me amaba. Era una mujer que edificaba y alentaba a sus nietos al recordarles continuamente lo que veía en ellos como personas. Es algo muy fuerte visualizar la vida a través de los ojos de una abuela.

Hoy, de muchas maneras, sé quien soy por la persona que ella vio en mí.

Tres preguntas para pensar

1. Si yo muriera hoy, ¿cómo sería recordado?
2. ¿Quién me alienta grandemente en la vida?
3. ¿Con qué frecuencia oro por la salvación de los incrédulos?

Una frase para recordar

Nuestro imán nos atrae hacia el cielo, pero nuestra fe nos mantiene firmemente plantados sobre la tierra haciendo la obra que él nos ha encomendado hacer.

Una palabra de las Escrituras para atesorar en el corazón

Sus hijos se levantan y la felicitan; también su esposo la alaba (Proverbios 31:28).

50

ORGANIZARSE PARA OBTENER RESULTADOS

Las consideraciones de Fred

Establecer cuál es el mandato nos ayuda a definir la realidad de nuestra tarea y a liderar con integridad. Los líderes necesitan preguntarse «¿Por qué estamos funcionando? ¿Qué buscamos lograr? ¿A qué nos dedicamos?» Una vez que se han atendido estas preguntas, y que se establece un consenso con respecto a las repuestas, el líder tiene finalmente un mandato. Ese mandato constituirá el fundamento sobre el que se desarrollarán programas, se comenzará con el reclutamiento adicional de líderes, y se establecerá una cultura organizacional. Entonces vendrá la comprensión de lo que se debe hacer y de lo que no debe ocurrir.

Una función importante del mandato es que separa la lealtad al líder de la lealtad a la causa. El líder tiene que decir: «Estoy subordinado a mi mandato». Un buen líder sabe que la organización no existe para hacerlo feliz ni para servirlo. Está allí para cumplir con el mandato. Si el líder fracasara en hacerlo, debería ser despedido.

Cierta vez me reuní con diez pastores que tenían sus doctorados en filosofía. Uno de ellos me preguntó: «¿Cómo puedo lograr que mi iglesia lleve adelante mi programa?»

Le respondí con otra pregunta: «¿Tú fundaste esa iglesia?» Su respuesta fue no. Entonces le hice una segunda pregunta: «Si te hicieran una mejor oferta, ¿te irías de allí?» Me respondió sin titubeos que sí. «Entonces, ¿qué derecho tienes a llamarla «mi iglesia»?», le dije. «La iglesia no es una posesión personal».

En tanto que el líder es responsable de iniciar un mandato, tiene que formar un consenso luego entre la gente. En primer lugar, todos tienen que aceptar ese mandato; en segundo lugar, todos deben tener la disposición a dedicarse a llevarlo a cabo. Cristo nos dio un mandato, ¡y autorizó a sus discípulos a comenzar a llevarlo a cabo hace dos mil años!

Reflexión: Ben Haden

Presidente de Ben Haden Evangelical Association, Inc.

Estando en el negocio de los periódicos, fui el ejecutivo a cargo dentro de una empresa que publicaba un periódico republicano por la mañana, un periódico democrático vespertino, y un periódico independiente los domingos. El mandato era *transmitir la verdad de los hechos*, restringiendo las opiniones y tendencias a los editoriales y a un grupo de columnistas. Con el tiempo los tres periódicos se volvieron independientes, y no requirieron de cambios en el equipo de producción, en el estilo o en la selección de noticias, porque se había cumplido con el mandato.

Cuando Fred cita a un pastor o a una iglesia, inmediatamente se concentra en el mandato. ¡Qué razón tiene! Una iglesia promedio probablemente designaría un comité.

Luego de entrar al pastorado, viniendo del mundo de los negocios, me concentré en el mismo mandato en las dos iglesias a la que serví (en Miami y en Chattanooga): «Nuestro negocio es la gente. Nuestro propósito es Jesucristo».

Coherente con ese mandato, ha sido mi costumbre emplear un equipo de pastores de diferentes denominaciones, de diferentes trasfondos y de diferentes seminarios. Aunque ambas iglesias eran *denominacionales*, el enfoque declarado siempre fue *no denominacional*. ¿Por qué? Porque nuestro mandato era referido a la gente, a todo tipo de gente de toda clase de trasfondos y denominaciones. Y el propósito seguía siendo el mismo: *Jesucristo*. Para evitar la búsqueda de lealtad personal por sobre la lealtad hacia el mandato, nunca empleé a ningún compañero de estudios ni a ninguna otra persona de mi seminario.

Dado que nuestro mandato era la *gente*, todos los miembros del equipo brindaban consejería, guiaban a las personas a Cristo, presidían reuniones, predicaban y enseñaban. La asistencia no variaba cuando los diferentes miembros del equipo conducían las reuniones. No usábamos los títulos. Cada uno de los ministros estaba registrado como «pastor», sin incluir el «asociado» o el «asistente». En coherencia con el mandato, los miembros siempre oraban por *sus pastores*. Este enfoque hizo que tanto la carga de trabajo como el reconocimiento por la labor se dividiera entre todos los pastores.

En mi opinión, la mayor dificultad en el pastorado consiste en tener un mandato denominacional, una cierta teología, un cierto estilo. Nada debería interferir con el mandato de parte de Cristo de amarlo, amar a nuestro prójimo y cumplir con la Gran Comisión.

Tres preguntas para pensar
1. ¿De qué modo puedo describir mi mandato profesional y mi mandato personal?
2. ¿A qué cosa soy verdaderamente leal?
3. ¿Qué valor tiene la verdad en mi vida diaria?

Una frase para recordar
Establecer cuál es el mandato nos ayuda a definir la realidad de nuestra tarea y a liderar con integridad.

Una palabra de las Escrituras para atesorar en el corazón
Entonces oí la voz del Señor que decía: «¿A quién enviaré? ¿Quién irá por nosotros?» Y respondí: «Aquí estoy. ¡Envíame a mí!» (Isaías 6:8).

51

LADRILLOS PARA CONSTRUIR CON ÉXITO LA VIDA

Las consideraciones de Fred

Los buenos hábitos ayudan a desarrollar un buen carácter. Cuando estaba en los negocios, trabajé con un ejecutivo que había comenzado siendo un niño pobre que vendía vegetales de su jardín en un carro por las calles de Nueva York. Luego de terminar sus estudios en la escuela pública, obtuvo un título como contador, asistiendo a clases por la noche. Se incorporó a una empresa y con el tiempo se convirtió en el presidente de una compañía importante.

Cierta vez le pregunté a qué atribuía su éxito. Me respondió: «A varias cosas, pero principalmente a mis buenos hábitos de trabajo. No siempre los uso, pero los he adquirido bien». Me reí y le dije: «Yo también tengo buenos hábitos, pero al igual que tú, no siempre hago uso de ellos». Me respondió agudamente: «No me has comprendido. Cuando deseo trabajar, no hago uso de mis buenos hábitos, pero cuando no siento ganas de trabajar, es entonces que tengo que usarlos».

Los buenos hábitos no solo nos llevan al éxito como consecuencia, también nos ahorran tiempo. Una vez le dije a Mr. Jarman, un amigo mío, que yo era una persona de pocos hábitos. Él me respondió: «Entonces usted debe perder bastante tiempo».

Los hábitos siempre tienen que mantenerse en funcionamiento para resultar eficaces. A medida que nuestras responsabilidades cambian, también deben cambiar algunos de nuestros hábitos. Por lo tanto es importante revalorar ocasionalmente nuestros hábitos para asegurarnos de que todavía los necesitamos y que aun son eficaces. Aquí menciono cuatro que parecen ser esenciales en todo momento:

1. Puntualidad
2. Veracidad
3. Perseverancia
4. Disposición a asumir responsabilidades

No pongas excusas y no te concedas excepciones, porque los hábitos constituyen el primer paso de un proceso muy importante. Los hábitos se vuelven reflejos, y se convierten en respuestas automáticas, lo que entonces se transforma en un estilo de vida. Es importante no permitirnos excepciones en cuanto a los buenos hábitos. Los malos hábitos se arraigan también, al igual que los buenos, así que la decisión de monitorear la formación de los hábitos positivos es un punto clave del desarrollo personal.

Cuando los buenos hábitos se consolidan en un sistema de piloto automático nos capacitan para decir «sí, lo haré» cuando lo más natural sería decir «no, no lo haré».

Reflexión: Haley Smith
Nieta de Fred Smith padre,
e hija de Fred Smith hijo y Carol W. Smith
Se graduó en el 2007 en la Baylor University

Me reí al leer el pensamiento semanal de mi abuelo. El único hábito positivo mío que podía recordar es que reviso habitualmente mi correo electrónico. (Es una lástima que no se me haya formado el hábito de responder de inmediato.)

Años atrás desarrollé el «don de la dilación» y gradualmente se fue afianzando durante el tiempo que estudié en Baylor.

En la época en que estuve como interna en la Misión Waco, mi amiga Laura y yo éramos las responsables de producir un boletín informativo de la organización. Dilatamos el diseño del trazado hasta la semana previa a la fecha en que debía salir, sabiendo que nos tomaría apenas unas horas completarlo, cuanto mucho. Por supuesto, estábamos equivocadas: nos llevó veinticinco horas diseñar el boletín. Acabamos de armar el boletín alrededor de una hora antes de tener que entregarlo.

Luego de pensar con respecto a lo que el abuelo escribió, me doy cuenta de que dilatar ese proyecto tuvo consecuencias más profundas que solo causarnos un innecesario estrés. Al demorar el boletín informativo, me mostré irrespetuosa con mi jefe y con la organización, y alimenté un hábito que de ninguna manera es positivo o productivo. Pospuse ese proyecto porque no constituía uno de mis mayores intereses, pero sin embargo, seguía siendo una de mis responsabilidades.

Cuando trabajo con los niños en la Misión Waco, nunca llego tarde y lucho por hacer de su felicidad mi prioridad número uno. Lo hago porque siento una gran pasión con respecto a sus vidas y no necesito de un hábito que me ayude a realizar mi tarea con ellos. Esta es una manera de vivir egoísta. Si le he rendido mi vida a Cristo, ¿por qué debo determinar yo lo que es importante o necesario? No puedo realizar plenamente las cosas que me apasionan sin también asumir la responsabilidad de las tareas que no siempre me resultan divertidas o interesantes.

La formación de hábitos productivos es lo que finalmente me ayudará a alcanzar logros dentro del cuadro general de mi vida.

Tres preguntas para pensar

1. ¿Cuáles son algunos de mis mejores hábitos?
2. ¿En qué áreas no he alcanzado logros debido a mis malos hábitos?
3. ¿Tengo hábitos que ya no necesito?

Una frase para recordar

Es importante no permitirnos excepciones en cuanto a los buenos hábitos.

Una palabra de las Escrituras para atesorar en el corazón

Pero quien se fija atentamente en la ley perfecta que da libertad, y persevera en ella, no olvidando lo que ha oído sino haciéndolo, recibirá bendición al practicarla (Santiago 1:25).

CARÁCTER FIRME COMO UNA ROCA

Las consideraciones de Fred

A través de la columna «Pregúntale a Fred» recibí una pregunta que me intrigó mucho: «¿Cuáles considera que son los tres rasgos dominantes de un buen carácter» Sería fácil nombrar tres, pero al pensarlo más en profundidad, me di cuenta de que se requerirían por lo menos siete rasgos para que un carácter fuera verdaderamente firme, sólido.

Primero, un *amor por la verdad*. El deseo absoluto de verdad constituye una cualidad casi divina, porque solo Cristo es la verdad. Debido a nuestra naturaleza, nos gusta ser selectivos con respecto a la verdad, guardándonos fantasías que nos resultan agradables.

Segundo, *objetividad*. Es probable que este sea el rasgo más difícil de sostener con coherencia. Tenemos que pasar por un proceso de afinación, en el que se deshagan nuestros prejuicios, inclinaciones, preferencias e intereses propios de los que somos conscientes.

Tercero, *valor*. Esto siempre es lo opuesto a la tentación. El énfasis principal aquí está puesto en mostrar valor en cuanto a la propia realización, siendo capaces de aceptar lo que en verdad somos, con nuestros puntos fuertes y débiles.

Cuarto, *perseverancia*. A menudo esta es la característica dominante de los grandes logros. Por ejemplo, Thomas A. Edison reconoció 10.000 fracasos junto con sus notables logros.

Quinto, *mayordomía*. El tener conciencia de nuestra mayordomía en lugar de un sentido de posesión nos da una perspectiva correcta de la vida. La mayordomía tiene que ver con responsabilidades; las posesiones nos hablan de derechos.

Sexto, *humildad*. No implica negar el poder que tenemos sino saber admitir que pasa a través de nosotros pero que no es nuestro.

Séptimo, *gratitud*. Científicamente se ha comprobado que se trata de la más saludable de todas las emociones, y sin embargo es una de las más frágiles. La verdadera gratitud consiste en apreciar que otro haya hecho por nosotros lo que no podíamos hacer nosotros mismos.

Es importante que cada uno de estos rasgos tenga vitalidad. Cada uno de ellos tiene su propio peso en la formación del carácter. Cualquiera de ellos que se debilite presagia un quiebre en el carácter. Recordemos el antiguo dicho acerca de que una cadena es solo tan fuerte como su eslabón más débil. El carácter también.

Reflexión: Brenda A. Smith
Hija de Fred Smith padre
Presidente de BWF Project, Incorporated

«Su rostro refleja carácter: me gusta». Esta afirmación de mi mamá generalmente se producía apenas conocía a una persona, y casi siempre era cierta. Ella podía leer los rostros al descifrar lo que había detrás de ellos. Cuando ignorábamos su evaluación, inevitablemente lo lamentábamos. Mamá no analizaba los siete rasgos que forman un carácter sólido, como lo hacía papá: ¡simplemente podía reconocer un carácter bueno, firme, cuando lo veía!

«Tu padre siempre me hace pensar», me decía mi madre.

A mí también me hace pensar. Me lleva a considerar la mujer que soy y medir hasta qué punto amo la verdad o tengo las cosas con mi mano abierta, como un mayordomo y no como un dueño. Su incisiva definición de la humildad me lleva a considerar los dones que Dios me ha dado de un modo diferente.

Pero la gratitud es lo más espectacular. Cuando mi padre cita la investigación de Hans Selye sobre la gratitud, me traspasa el corazón: «Es la más frágil de todas las emociones». El apóstol Pablo nos dice: «Den gracias a Dios en toda situación» (1 Tesalonicenses 5:18). ¡Ay!

Pero papá tiene razón: el corazón ingrato es hueco porque no tiene espacio para reconocer los dones de otros. En el proceso de brindar cuidados a los demás, en diversas ocasiones me he sentido débil. Con frecuencia el mal humor sobrepasa a la gracia, y yo respondo con ingratitud más que con gratitud.

A Anne, mi colega y compañera de cuarto, cuando era niña le mandaban comer sus vegetales diciéndole que «eso formaba carácter». Cuando estaba en tercer grado, le anunció a su mamá que no comería más arvejas porque ya tenía todo el carácter que necesitaba y quería tener. ¡Puedo entenderla muy bien! Sin embargo, papá me recuerda que una mujer de carácter transmite un corazón delicado que solo Jesús puede dar. Todos esos agradables gigantes verdes y una vida entera de comer vegetales de hojas no nos pueden proveer lo que Dios ha preparado para nosotros antes de que el mundo fuera. Cuando crecemos y nos parecemos más a Jesús, llegamos a comprender que el carácter es simplemente reflejar al Dios que nos ama.

Tres preguntas para pensar

1. ¿Cuál de estos rasgos es el dominante en mí?
2. ¿Cuál de estos rasgos es más débil en mí?
3. ¿Qué es lo que hago para formar carácter en otros?

Una frase para recordar
La verdadera gratitud consiste en apreciar que otro haya hecho por nosotros lo que no podíamos hacer nosotros mismos.

Una palabra de las Escrituras para atesorar en el corazón
El insolente no tiene el alma recta, pero el justo vivirá por su fe (Habacuc 2:4).

COLABORADORES

MARK BAILEY
Tanto Fred como Mark tienen respeto por el Seminario Teológico de Dallas. Su lema, «Predica la Palabra» evidentemente se articula con el interés que comparten ambos por una honesta proclamación del evangelio.

JIM BECKETT
Jim le reconoce a Fred el haber cambiado su vida comercial a través de un monitoreo sabio y de su amistad. Jim es el anfitrión de una fiesta de cumpleaños en honor a Fred, que se lleva a cabo dos veces al año «por las dudas».

KEN BLANCHARD
Ken y Fred comparten el deseo común de ayudar a otros a usar sus dones con eficacia. Impactan la vida de otras personas a través de la literatura y de la oratoria.

JILL BRISCOE
Fred y Jill trabajaron juntos en la junta de Christianity Today Internacional. Él y el marido de ella, Stuart, han sido amigos durante años. Fred considera que Jill ejerce una influencia notable sobre mujeres de todo el mundo.

STEVE BROWN
A Fred le encanta pensar ideas que pueda usar «como afilando el acero con el acero» con su amigo Steve Brown. Han sido amigos por décadas, y disfrutan juntos del buen humor, la sinceridad y la estimulación mental.

MAC BRUNSON
Mac y Fred tiene una herencia en común, amigos en común y la meta común de comunicar la verdad produciendo impacto y ejerciendo influencia.

HOWARD E. BUTT, JR.
La relación entre Fred y Howard comenzó en los años cincuenta en la Universidad Baylor, cuando Fred estuvo predicando durante la «Semana de Énfasis Religioso». Él y Howard han trabajado juntos en obras cristianas laicas durante cincuenta años.

DONALD CAMPBELL
Don y Fred aman la verdad y el conocimiento. Tienen en común un fuerte lazo con Ray Stedman a través de su mutua amistad.

BOB DEFFINBAUGH
Bob es el que dirige los disparos durante las sesiones de Fred en la Cama. «Se trata del mejor estudiante de la Biblia que conozco, y el que tiene mayor claridad; formamos un excelente equipo», señala Fred. Bob ha sido amigo de la familia durante décadas, y constituye la persona justa para compartir el humor de Fred.

RICHARD ALLEN FARMER
Richard y Fred han sido amigos por poco tiempo. Cada uno de ellos se siente motivado por las ideas, la música y la lectura.

H. JOHANNA FISHER
La amistad entre Johanna y Fred comenzó a través de un contacto con KCBI, una estación radial cristiana de Dallas, Texas. Ahora es una amiga de la familia y continua citando a Fred Smith cuando habla.

JOHN GILLESPIE
Fred conoció a John cuando le dieron el premio anual Roaring Lambs Hall of Fame, entregado a cristianos destacados en los negocios. John vio el potencial que tenía Fred para ser un «Pablo para muchos Timoteos», así que adoptó los principios de Fred y los aplicó a la vida real.

BILL GLASS

«Bill es un hombre que se juega por el evangelio de Cristo», dice Fred acerca de él. Siendo un colega en los estudios, sin embargo Bill encontró en Fred las cualidades de un buen mentor para toda la vida.

RON GLOSSER

Fred y Ron comparten una amistad de servicio y genuina admiración mutua, en la que se concentran en cómo realizar mejor la obra de Cristo. Fred se refiere a Ron como el hombre de «la mejor red mundial».

BEN HADEN

Fred señala: «Cuando Ben dice «Jesús es mi mejor amigo», yo sé que lo dice en serio; la mayoría no lo hace». Ben y Fred han desarrollado una profunda amistad, fundamentada en hablar siempre la verdad y ser mentores el uno para el otro.

JOHN EDMUND HAGGAI

John y Fred se conocieron en los tempranos días del movimiento laico cristiano y ambos ven la necesidad de tener valor intelectual. John considera a Fred como una figura sabia para su generación.

T. GEORGE HARRIS

La relación entre George y Fred está marcada por sus ansias intelectuales. El soplo de la experiencia y conocimiento de George con frecuencia ilumina el fuego de la mente de Fred.

EVELYN HINDS

Evelyn y su marido, Rob son miembros fieles del grupo de conversación de casa abierta que se reúne cada semana en lo de Fred. Ella acuñó la frase «Fred en la cama» para describir el grupo que se encuentra los sábados por la mañana en torno a la cama de Fred.

VICKI HITZGES

El padre de Vicki, Haddon Robinson, es uno de sus amigos personales más cercanos. Fred presenta a Vicki como «la oradora profesional de más rápido crecimiento de los Estados Unidos».

JEFF HORCH

La frase que generalmente Fred le dice a su nieto Jeff al partir es: «Sé una bendición, Jeff; estoy orgulloso de ti».

HENRY HORRELL

Henry es el amigo vivo más antiguo de Fred. Se criaron juntos en el norte de Nashville con el sueño de crecer y ser algo en la vida. Fred y Mary Alice fueron los testigos de la boda de Henry hace casi setenta años.

MAX HULSE

«¿Sabían ustedes que Max toca la armónica?», pregunta Fred antes de pedirle a Max que toque algo para el grupo. Fred respeta la habilidad que tiene Max para combinar sus negocios con sus intereses artísticos y cristianos.

CHARLIE «TREMENDOUS» JONES

Fred dice que «Charlie es un hombre que no pierde tiempo en frivolidades». Charlie y Fred han compartido la plataforma como oradores durante muchos años. Charlie ha logrado hacer de su libro You and Your Network [Tú y tu red] un best-seller.

JAY KESLER

Jay le fue presentado a Fred cuando trabajaba para Juventud para Cristo. Juntos han servido en juntas y consejos, desarrollando una fuerte relación. «Jay es un hombre que tiene su corazón puesto en los jóvenes de los Estados Unidos», mencionó Fred alguna vez.

GARRY D. KINDER

La labor de Garry tanto en cuanto a los negocios como en cuanto al ministerio ha sido influida por los principios y el pensamiento de Fred. El trabajo en conjunto que realizan en algunos consejos ministeriales les permite ser de aliento para los líderes más jóvenes.

JACK KINDER

Jack y Fred disfrutan de comunicar, liderar y motivar. Jack y su hermano Garry manejan sus negocios sobre muchos de los principios que les ha transmitido Fred.

VERDELL DAVIS KREISHER
Fred ha ido viendo crecer la influencia de Verdell tanto en su manera de aconsejar como de escribir y hablar. Ella lo considera un mentor y un amigo.

SETH C. MACON
La amistad de toda la vida entre Fred y Seth comenzó cuando Fred disertó para la compañía de seguros de Seth. «Seth es un hombre sin engaño», dice Fred.

JOHN MAXWELL
John ha dicho que el libro de Fred Learning to Lead [Aprender a liderar] es uno de los mejor escritos sobre el liderazgo. Su amistad se basa en el respeto mutuo y en el amor por aprender.

PETER MCNALLY
Peter comenzó su relación bajo Fred como mentor durante uno de los muchos «desayunos con Fred». Peter inició el grupo AM/PM, así llamado porque se reunía por la mañana (A.M.) y era conducido por Peter Mcnally (P.M.). Este grupo reunía a personas de altos logros y era monitoreado por Fred.

CURTIS MEADOWS
La amistad de Fred con Curtis comenzó cuando Fred substituyó a Jim Smith, un maestro de toda la vida, en la Iglesia Presbiteriana Highland Park de Dallas, Texas. A Fred le encanta la experiencia de Curtis en el liderazgo sin fines de lucro y su amor por la música.

LARRY MERCER
Larry dirige una comunidad de hombres y mujeres jóvenes que buscan la verdad y la sabiduría. Los escritos y la vida de Fred han influido muy fuertemente sobre su trabajo.

JACK MODESETT, JR.
Fred dice que Jack, un amigo y alguien del que ha sido mentor desde 1970, tiene «el órgano mental más extraordinario entre los hombres que ha conocido». Las conversaciones que sostienen entre los dos se parecen a la ejecución de música por parte de dos intérpretes de jazz. Jack fue el primero en recibir el Premio Fred Smith al Liderazgo otorgado por CTI.

HAROLD MYRA
La amistad entre Harold y Fred comenzó a través de Juventud para Cristo. Fred habla de Harold como alguien que constituye un ejemplo de «un verdadero liderazgo ejecutivo excelente».

GREG NOLAND
Fred señala con orgullo que su nieto Greg ha sido el primer miembro de la familia en obtener un doctorado.

MARY HELEN NOLAND
Mary Helen es una amada hija de Fred que le produce gran alegría y orgullo. «Me hace feliz escuchar de qué modo su vida hace un gran aporte», dice.

RUTH STAFFORD PEALE
El marido de Ruth, Norman Vincent Peale, tuvo un gran impacto sobre la primera etapa de Fred como orador. En años recientes, su amistad con la organización Peale le permitió a Fred apreciar el liderazgo de esta agraciada mujer.

JOY LYNN HAILEY REED
Joy Lynn y Fred se conocieron en una clase de escuela dominical de Zig Ziglar. Ella pronto se unió al grupo de «Fred en la cama», aportando su brillantez y sed intelectual a las reuniones.

RAMESH RICHARD
Fred dice de Ramesh: «Es mi teólogo personal». Ramesh es un amigo fiel y alguien a quien respeta entre aquellos de los que ha sido mentor.

HADDON ROBINSON
«La revista Time considera a Haddon como uno de los diez principales predicadores de los Estados Unidos». Con esta frase presenta generalmente Fred a Haddon. Los dos han mantenido una larga y fructífera amistad.

RANDY SAMELSON
Fred dice de Randy: «Probablemente sea al más astuto de aquellos sobre los que he sido mentor». Fred valora el pensamiento de Randy, su integridad y su compromiso con el servicio bien hecho.

DONNA SKELL
Donna se considera una devota de Fred como su mentor. A menudo él le pide que hable acerca de su amor por la evangelización y sus ansias por ver que otras personas lleguen a la fe.

BRENDA A. SMITH
«A ella le gusta pensar de sí misma como mi directora de navegación», dice Fred. La describe también como una «hija agradecida» y como «gerente de cuidados privilegiados».

FRED SMITH
Fred padre a menudo señala: «Desearía que cada hombre tuviera una relación con su hijo como la que yo tengo con Fred».

HALEY SMITH
Esta vivaz y encantadora joven es la agraciada nieta de Fred. «Haley siempre me hace subir una sonrisa a la cara», dice Fred.

SARAH SUMNER
Sarah nunca se encontró con Fred, que es su mentor a distancia. El pensamiento de Fred, basado en principios, y sus escritos han influido sobre el trabajo académico de Sarah. Ella representa a la nueva generación de pensadores que se benefician de sus escritos y de su sitio web.

JOHN TEMPLE
Fred señala que «John es un excelente ejecutivo: conoce de negocios, conoce a la gente, y sabe como llevar las cosas adelante». Fred y John se conocieron a través de la relación de Fred con la organización Guideposts.

MARGARITA C. TREVIÑO
Los escritos de Fred han tenido influencia sobre Margarita. El impacto que produce ella sobre los alumnos y sobre la comunidad académica muestra su liderazgo.

JACK TURPIN
Fred con frecuencia habla de Jack como de un «hombre de visión, trabajo esforzado, y genuino amor por su familia». Los dos se encontraban mensualmente para desayunar y con el fin de que Fred actuara como mentor en la época en que Jack estaba consolidando sus negocios.

PAT WILLIAMS
Pat utiliza la sabiduría de Fred para conducir su organización y su familia. Señala que el pensamiento fundamentado en principios que recibió de Fred ha sido de mucha influencia sobre su vida.

PHILIP YANCEY
Fred conoció a Philip a través de Juventud para Cristo Internacional. Fred se refiere a él como uno de los escritores cristianos verdaderamente grandes.

ZIG ZIGLAR
Zig con frecuencia dice que Fred es uno de los hombres más sabios que ha conocido. Con orgullo lo llama su mentor y amigo.

Nos agradaría recibir noticias suyas.
Por favor, envíe sus comentarios sobre este libro
a la dirección que aparece a continuación.
Muchas gracias.

EDITORIAL VIDA
8410 NW 53rd Terrace Suite 103
Miami, FL 33166
Vida@zondervan.com
www.editorialvida.com